Biblioteca Passigli

La parola
PACE

L'utopia che deve farsi realtà

a cura di
Gianni Cuperlo

con interventi di
Shady Alizabeh, Lucia Annunziata, Elda Baggio
Brando Benifei, Paolo Berizzi, Alba Bonetti
Alberto Bortolotti, Chiara Braga, Alessandro Capelli
Lella Costa, Gianni Cuperlo, Marco Damilano
Emanuele Fiano, Giacomo Gambassi, Andrea Giorgis
Mario Giro, don Giuseppe Grampa, Lorenzo Guerini
Pierfrancesco Majorino, Virginio Merola, Simone Negri
Daniela Padoan, Leonardo Palmisano, Barbara Pollastrini
Romano Prodi, Giuseppe Provenzano, Domenico Quirico
Nicolò Radice Fossati, Davide Ranalli, Silvia Roggiani
Lorenzo Sala, Anna Scavuzzo, Elly Schlein, Gabriele Segre
Giorgia Serughetti, Massimiliano Tarantino
padre Iyad Twal, Nadia Urbinati

Atti del seminario tenutosi a
Milano, Fondazione Feltrinelli, 2 dicembre 2023

Passigli Editori

via Chiantigiana 62, Bagno a Ripoli, 50012 Firenze
www.passiglieditori.it info@passiglieditori.it

Anno 2028 2027 2026 2025 2024
Edizione 1 2 3 4 5

Sono raccolti in questo volume gli atti della giornata seminariale che l'associazione di cultura politica Promessa Democratica ha promosso a Milano il 2 dicembre del 2023 presso la Fondazione Feltrinelli. La scelta del titolo – *La parola Pace* – prendeva le mosse da un vuoto di elaborazione e pensiero attorno al tema decisivo di questo tempo storico: il proporsi nelle forme più tragiche di una «guerra mondiale a pezzi», come nella definizione di Papa Francesco. Una guerra che dal cuore dell'Europa si allunga al Medio-Oriente e a decine di conflitti sparsi nel mondo e troppe volte rimossi o dimenticati. Abbiamo chiesto a relatrici e relatori di rivedere i loro contributi apportando le integrazioni doverose alla luce di eventi che, dall'Ucraina a Gaza, si sono succeduti con rapidità e drammaticità impressionanti. Da quella giornata sono trascorsi sette mesi durante i quali lo scenario globale e gli stessi equilibri storico-politici dell'Europa hanno conosciuto una serie di evoluzioni tanto rapide quanto profonde. In particolare, le recenti elezioni per il rinnovo del Parlamento di Strasburgo hanno consegnato un quadro della nuova rappresentanza europea frastagliato, con una crescita dei consensi alle formazioni e culture della destra nazionalista e una seria difficoltà dei Governi di Francia e Germania. Nonostante ciò, ne è uscita rinsaldata la maggioranza politica delle tre forze "europeiste" (Popolari, Socialisti e Liberali) che ha caratterizzato la stagione più recente sotto la Presidenza della Commissione affidata a Ursula Von der Leyen. In questo contesto, il fronte delle forze democratiche, di progresso e della sinistra, seppure con esiti diversificati da Paese a Paese, ha nell'insieme confermato il proprio radicamento. Nello specifico, con i risultati positivi dei partiti socialisti di Spagna e Portogallo e in Italia con la crescita significativa del Partito Democratico guidato da Elly Schlein. Sarebbe sbagliato rimuovere il dato sempre più allarmante di una disaffezione dalle urne. Nel caso nostro l'astensione, intesa anche come scelta motivata, ha per la prima volta raggiunto la maggioranza assoluta degli aventi diritto. Si tratta di una tendenza che si è consolidata nel tempo e destinata a esercitare un peso sulle stesse questioni poste al centro della ricerca culturale e politica sui concetti di pace, tregua e disarmo. Col senno del poi, possiamo dire che anche questi dati e le tendenze emerse nel voto dell'8 e 9 giugno testimoniano tutto il bisogno e l'urgenza di una riflessione sul ruolo che l'Europa intende esercitare dentro i nuovi assetti di potenza (economica, finanziaria, militare) che una realtà globalizzata ci consegna. Solo ipotizzare che in quella nuova dimensione possa essere prerogativa di un'unica Nazione, per quanto scortata da trascorsi gloriosi, avere voce in capitolo su alcuno dei futuri dossier internazionali (a partire da una efficace azione strategica e diplomatica sul fronte della pacificazione del continente europeo o di altri teatri di crisi) si scontra con i dati brutali della realtà. Anche per queste ragioni, crediamo che il seminario milanese del 2 dicembre 2023, con le relazioni e i contributi di altissima qualità che incontrerete in queste pagine, possa rappresentare un aiuto prezioso al cammino da compiere su nuovi sentieri. Bisognerà farlo con quella dose di "ragionevole utopia" senza la quale ogni ambizione, soprattutto se concentrata sui traguardi della tolleranza, della convivenza e della pace, difficilmente può trovare spazio nella storia. L'ultimo ringraziamento va a Stefano Passigli per la sensibilità nell'avere preso a cuore questa piccola testimonianza di impegno per una pace e un disarmo che da utopie tornino a frequentare il difficile universo della realtà.

Gianni Cuperlo

Roma-Milano, luglio 2024

LA PAROLA PACE

INTRODUZIONE
*di Barbara Pollastrini**

È guerra. Sono guerre. Da due anni e mezzo Kiev resiste per la propria libertà. Più di 500.000 i caduti tra ucraini che si difendono e soldati russi scaraventati a combattere dall'ultimo Zar. In Israele, il pogrom del 7 ottobre ci ha precipitato nel buio della storia. 1.200 donne, uomini, ragazzi, trucidati, 250 i rapiti, genitori davanti ai figli, figli davanti ai genitori, donne stuprate a sfregio di un popolo e uno Stato. A Gaza – una striscia di terra grande un sessantesimo della Lombardia – la reazione del Governo Netanyahu compie una carneficina, un crimine contro l'umanità. Oltre 40.000 morti, feriti senza cure, una odissea senza tregua che non risparmia volontari e giornalisti. L'hanno chiamata la guerra dei bambini, la strage degli innocenti, piccoli ebrei sgozzati dai terroristi di Hamas e bambini palestinesi mutilati dalla vendetta. Lella Costa ha saputo dirlo con un'emozione irripetibile, «... io voglio sapere dai signori della guerra come fanno a dormire, come fanno a vendersi anche i sogni, a cancellare ogni impronta di memoria, a non sentire in ogni fottuto momento della loro esistenza la voce di Ecuba che piange sul cadavere del nipote Astianatte, figlio di Ettore, scaraventato dalle mura di Troia perché Troia ha perso: "Deponete per terra lo scudo rotondo di Ettore. E voi, Achei, il cui vanto sono più le armi che il cervello, perché vi siete macchiati di un delitto tanto mostruoso? Avete paura di un bambino"».

Gerusalemme, icona del cammino di popoli verso la Ter-

* Direzione del Partito Democratico, già Ministra dei Diritti e delle Pari Opportunità.

ra Promessa, mai come ora è simbolo di incomunicabilità irriducibili e il segno che la guerra mondiale a pezzi ha già risvegliato fantasmi di sciagure peggiori. L'Ucraina ci interroga ogni giorno sulla linea sottile tra i diritti di una Nazione aggredita e il dovere di evitare una *escalation* verso il baratro. Riemerge come un'ombra lo sparo di Sarajevo, di quel 1914 quando un esercito di sonnambuli – Governi, Stati, Imperi – non seppero accorgersi della tragedia che incombeva. Dunque, oggi la speranza urta contro una realtà terribile. Eppure la speranza è la sola cosa che non tradisce mai, anche quando devi accettare che, da un momento in avanti, tutto o quasi costerà e ti costerà dolore. La speranza fa scalare montagne, recuperare acqua e cibo per i tuoi bambini, o portare sulle spalle un'anziana per metterla in salvo dalle bombe. Quella speranza fa attraversare il braccio di mare dove altri Seydou e Moussa – i ragazzi di Matteo Garrone nel suo *Io capitano* – smentiscono un destino già scritto. Per altre e altri, invece, il destino si consuma, come a Cutro dove il cinismo di governanti ottusi ha lasciato annegare oltre 90 corpi e con loro il senso della civiltà.

E allora, di questi tempi, come fare diventare incontenibile la speranza di pace? Come può illuminare pensieri, sentimenti, Governi, e anche così restituire il valore della democrazia? Una donna meravigliosa, Liliana Segre, sfogliando le pagine della memoria insegna a scrutare il futuro con quell'ammonimento duro come la pietra: tutto nel divenire dei decenni, persino la Shoah, persino Auschwitz possono essere dimenticati. «Io non perdono, io non dimentico. Ma ho imparato a non odiare. Io ho imparato a non odiare perché ho avuto la fortuna di essere molto amata». Credo fosse il suo modo di spiegare a una platea di giovanissimi perché l'odio genera solamente altro odio. E perché, forse, più amore per la dignità umana può guarire indifferenze e generare complicità virtuose. Il conflitto tra Caino e Abele, tra il male e il bene, vive in modo perenne, e decifrare il bene talvolta è complesso. Non sempre è facile cercare un compromesso. Eppure David Grossman ha scelto di titolare uno scritto recente *La pace è l'unica strada*, aggiungendo che «la vera lotta oggi non è tra arabi ed ebrei, ma fra quanti – dalle due parti – anelano a vivere in pace in una convivenza equa, e quanti – dalle due parti – si nutrono psicologicamente e ideologicamente di odio e violenza». Concludeva Grossman con queste parole: «Magari riuscissimo a ristabilire e irrobustire le forze sane delle due società, coloro che fra noi si rifiutano di diventare collaborazionisti della disperazione». Credo che questa sua immagine sia un formidabile programma per una sinistra globale e un'Europa che ritrovi l'anima. A Milano, in una giornata densa, abbiamo voluto ascoltare, intrecciare esperienze e voci diverse nella consapevolezza che solamente insieme si può trovare una via. Questo volume restituisce quei dialoghi e quelle riflessioni. Vuole essere anche una piccola forma di riconoscenza verso quanti e quante ne sono state e stati protagonisti e testimoni.

Anch'io ringrazio Stefano Passigli che mi ha consentito di aggiungere queste righe a ridosso della messa in stampa. Per la nostra comunità la notte di domenica 9 giugno è passata insonne, incollati e incollate alle televisioni a scrutare i colori dell'Europa, la Francia al voto, la Germania con i socialdemocratici scavalcati dalla destra estrema. Il tutto mentre più di un elettore europeo su due ha disertato le urne. A novembre arriverà il verdetto dagli Stati Uniti. La destra cresce col vento soffiato nelle vele da guerre che non solo si nutrono di nazionalismi e diseguaglianze, ma a loro volta li alimentano. Lo scenario resta confuso, allarmante. A Bruxelles non basterà riprodurre la fotocopia del quinquennio precedente. Però i venti sono tanti, ed è soffiato anche quello della speranza, come da ultimo con Kamala Harris negli Stati Uniti. La sinistra, il Partito Democratico, hanno rialzato la testa e con Elly Schlein ci siamo rimessi in cammino.

In questo contesto la parola pace riaffiora da rimozioni e tradimenti verso i guasti del mondo perché solo un'amnesia voluta ha potuto lasciare nell'ombra gli oltre cento conflitti in corso. Il Tigray e i suoi 800.000 morti, più della metà causati da una fame deliberata come arma di guerra. E poi, Sudan, Siria, Sahel. Le cosiddette guerre dimenticate, dove l'aggettivo racconta anche del nostro Occidente, delle sue classi dirigenti troppo piegate a interessi e profitti vergognosi. In questo perimetro drammatico la pace diventa una conquista da ottenere metro su metro, giorno dopo giorno. La pace coi dilemmi che pone quando, come in Ucraina, un popolo vede calpestata la propria sovranità. Abbiamo scelto da che parte stare negli aiuti, nel sostegno immediato e concreto. Però non basta, perché il mondo sottosopra impone all'Europa di ripensare la propria funzione, autonomia e identità. La costruzione della pace e quella di democrazie solide convivono. Tanto più ora, quando i nazionalismi insidiano i pilastri delle Costituzioni scritte dopo le tragedie del Novecento. Almeno dalla Rivoluzione francese sappiamo che il cammino dei diritti umani disegna la morale della storia, e oggi su quel cammino è aperta la contesa. Quei diritti sono una religione civile, un'utopia o una fede laica senza le quali le civiltà possono soltanto regredire e fare riemergere l'antisemitismo. E ferite, come il razzismo o l'islamofobia. Si frantuma il dialogo interreligioso fino alla bestemmia del patriarca di Mosca quando evoca la «guerra santa» contro Kiev. Nel nome di un "dio" in Afghanistan si lapidano le donne per adulterio. In Ungheria si perseguitano gli omosessuali. In Iran al grido di "Donna Vita Libertà", in tante e tanti si ribellano nel nome di Mahsa Amini, 23 anni, uccisa per avere indossato l'*Hijab* come quel regime vieta di fare. Nello stesso Paese, Narges Mohammadi, premio Nobel per la Pace nel 2023, è tuttora rinchiusa in un carcere mentre altre donne subiscono quotidianamente violenze e torture. Sulla miseria e la segregazione recluta le sue forze il terrorismo, sulla povertà e sul bisogno investono destre e autocrati per silenziare, ricattare e dividere. Tutto ciò ripropone la certezza che i diritti arretrano o avanzano assieme: diritti civili, sociali e politici. I nazionalismi di ogni specie lo sanno e anche per questo aggrediscono e reprimono i passaggi di pensiero e riscatto della storia. La preda diventano valori e principi dell'Illuminismo, la triade "libertà, uguaglianza, fraternità", con la premessa di una vendetta verso le conquiste del femminismo e della laicità. Nel caos globale quei nazionalismi possono apparire divisi. Sono, invece, accomunati dentro un'internazionale oscurantista. Guerre di trincea, razzie, distruzioni, cyber attacchi, si mescolano all'impatto delle innovazioni, di un'intelligenza artificiale che sinora solo il Parlamento Europeo ha tentato di regolare, alla scienza dei vaccini, alla creatività dell'arte e all'onestà del lavoro. Il mercato delle armi trionfa, sugli scaffali delle librerie compaiono testi che descrivono il profilo di un'economia di guerra come esito di un accumulo di choc, dalle crisi economiche alla pandemia. A conferma di queste contraddizioni, a fronte di un miliardo di esseri umani costretti o ridotti in povertà, l'uno per cento della popolazione globale detiene oltre la metà della ricchezza complessiva del mondo. Spiega la FAO che 828 milioni di persone si coricano la sera affamate. Sempre i poveri, assieme a minoranze e donne, risultano i più colpiti dagli effetti dei mutamenti del clima. E tutto questo mentre dittatori e regimi minacciano il ricorso all'arma nucleare. Ne risente il linguaggio, e con esso il pensiero. Si riaffacciano termini sepolti: apocalisse, distruzione universale. Qualcuno sostiene che ci vorrebbe un nuovo Gandhi, un altro Noè. Ma questa volta a guidare e costruire l'arca saranno quante e quanti vorranno unirsi nell'internazionale dell'umanità, e con loro classi dirigenti ambiziose di una nuova etica. Ho ascoltato tempo fa un'intervista a Erry De Luca, gli chiedevano se non pensasse necessaria una rivoluzione. Non ricordo le parole esatte, ma il senso sì, e la risposta era: «Ma cos'altro deve accadere, quali altri disastri climatici, nuove povertà e guerre, perché come a Saulo, San Paolo, possa riprodursi l'illuminazione?». Quella conversione sulla strada di Damasco quando una luce lo folgorò. Nel frattempo altre piazze si saranno mobilitate per il cessate il fuoco a Gaza, per "due popoli, due Stati" e per una soluzione giusta in un'Ucraina devastata. Ci saranno forse altre scuole e università occupate da ragazze e ragazzi con una domanda di giustizia irrisolta. Giovani a cui parlare con il cuore della storia e non col manganello.

L'anima della libertà e della giustizia ha segnato la sorte di popoli, Paesi, generazioni. Penso alle migliaia di giovani arrampicati sul Muro più celebre del Novecento, nel cuore di Berlino, in quella notte impressa nella memoria. Era il 12 novembre del 1989, alla conclusione del secolo mancava una decina d'anni. Dodici alla nascita dell'Euro. Si apriva la strada alla riunificazione tedesca e alla dissoluzione dell'Unione Sovietica. Il primo traguardo avrebbe visto la luce il 3 ottobre dell'anno successivo. Alla Casa Bianca si era consumata una staffetta repubblicana. Mitterrand guidava la Francia e Kohl la Germania che tornava a essere una. L'Europa in una manciata di anni rovesciava gli equilibri al punto da convincere molti che il successo di un solo modello economico, culturale, di società potesse generare una pace perpetua. Il Novecento, il "secolo breve" aveva emesso la sua sentenza sbagliata: c'era un solo vincitore, l'Occidente. Ai perdenti non restava alternativa se non riconoscerne la primazia. Inizia un'illusione o una comoda rimozione dei progressisti? Adeguarsi alla teoria della fine della storia e di un solo vincitore è stata una forma di *cancel culture* che ha contaminato anche la sinistra. Tanto più che mentre il "secolo breve" volgeva al termine, guerre rimosse segnavano drammaticamente il destino di milioni di donne e uomini, in Africa, Asia, Medio Oriente e nello stesso Occidente la forbice delle diseguaglianze si allargava. La realtà è che la storia, allora come adesso, è un moto permanente segnato da conflitti, poteri, ideologie, dove la pace è una missione e una conquista permanente persino nei sentimenti collettivi.

In quello stretto arco di tempo la parola 'pace' sembrava aver risolto il suo urto con la cronaca. Ma le cose non sono andate come molti pensavano. Il conflitto terribile nella ex Iugoslavia consumato tra stragi e pulizie etniche, l'11 settembre, il terrorismo e le spedizioni fallimentari in Afghanistan e Iraq. Sino a noi, al capitolo che siamo costretti a vivere con l'invasione russa dell'Ucraina, l'orrendo pogrom di Hamas e la reazione non meno orrenda del Governo di Netanyahu. Tragedie precipitate sul nostro presente con la violenza di immagini che a lungo avevamo archiviato. Ma proprio una verità così cruda, quei corpi di donne stuprate come "prede" restituiscono oggi alla parola 'pace' la sua carica di umanità e di ragionevole utopia.

Quando come Promessa Democratica, piccolo vascello nel mare denso del PD e della sinistra, abbiamo immaginato una giornata da costruire attorno al valore della parola 'pace' siamo partiti da qui, dalle note sparse di un calendario tormentato. E volevamo che si svolgesse a Milano, la città dove Carlo Maria Martini tenne la "cattedra dei non credenti" che per dodici edizioni e oltre cinquanta incontri offriva conferma di quanta spiritualità e potenza convivano nella scelta del dialogo e dell'ascolto. Marco Damilano ha ricordato il suo discorso per il Sant'Ambrogio del 2001, «... un anno centrale, quello dell'11 settembre, della scuola Diaz... che ha gettato giù le illusioni di una generazione...». Gli stessi dilemmi di oggi. Ed è stato il sacerdote palestinese Iyad Twal, in collegamento da Gerusalemme, a riproporci le parole di Carlo Maria Martini, che aveva scelto di vivere lì i suoi ultimi anni, «il giorno in cui la pace fosse arrivata a Gerusalemme, avrebbe raggiunto tutto il mondo».

Abbiamo pensato che dopo anni, troppi, durante i quali la parola 'pace' era apparsa sempre più sfocata, assurdamente separata dalla democrazia, fosse arrivato il momento di provare a restituirle lo spazio che le spetta nel discorso pubblico. Ci hanno mossi l'umiltà e gli interrogativi che la storia ci consegna. Ne è scaturita una rassegna di opinioni e contributi offerti con passione e qualità. Li troverete tutti in queste pagine. Abbiamo scelto quel titolo – *La parola Pace* – perché ci sono termini che debbono essere di nuovo *nostri*. Soprattutto quelli che sentiamo di più pesare sulla nostra coscienza. Il punto è che la politica deve saper comunicare il suo progetto, le sue proposte, ma chi nella politica riversa ancora passioni e speranze deve comunicare anche i dilemmi di questa stagione e il traguardo che si vuole raggiungere. A volte non ci siamo riusciti perché troppa è stata l'indifferenza, da ultimo verso quel mercato delle armi che indenne continua a proliferare. Se leggerete le parole di Domenico Quirico, inviato di guerra, scoprirete il suo ammonimento. Ci ha spiegato che sì, parliamo di pace, ma dovremmo parlare della guerra. Delle guerre, al plurale, che insanguinano la terra. Conviviamo, troppe volte senza curarcene, con fame, disastri ambientali e tutto questo dolore alimenta altre violenze e sofferenze. Da una parte le ragazze che studiano, cantano, e dall'altra i giovani con un Kalashnikov a tracolla. La costruzione della pace non avanzerà senza un movimento morale e politico capace di contaminare e ribaltare un mondo guasto e malato.

Tregua, disarmo nucleare, compromesso, un nuovo ordine del mondo: spetta alla sinistra, alle sue radici e al suo sguardo più innovativo, restituire dignità e uno scopo storico a principi che nessuna contemporaneità ha il diritto di cancellare dall'agenda di Stati, Governi, istituzioni sovranazionali. In fondo anche noi, donne e uomini semplici, vogliamo uscire a "riveder le stelle" per tornare a immaginare e costruire quell'Europa solidale che con la passione di sempre ci ha descritto Romano Prodi. Nella riscrittura della storia la destra vorrebbe trascinare la Resistenza, l'antifascismo. Nella nostra giornata milanese molti hanno ripreso il concetto di dignità. Ciascuna e ciascuno consapevoli che in una dignità globale il primo dei diritti e doveri è la pace, senza la quale anche la democrazia perde il suo legame con la realtà. Nelle trincee della nostra Liberazione chi si è trovato a imbracciare il fucile, lo ha fatto invocando un orizzonte di pace. Di libertà e di pace per sé e per chi sarebbe venuto dopo. Lo storico Giovanni De Luna lo ha descritto benissimo: «Credevamo di essere dalla parte giusta della storia. Poi la storia ci ha abbandonato, la natura si sta prendendo le rivincite, alcune religioni stanno imprimendo il marchio del fondamentalismo». In Europa un liberismo inasprito e interessi senza pudore hanno preso la rivincita, ma l'Occidente senza un'Europa inclusiva e autonoma è divenuto più piccolo. Anche in casa nostra: quella destra come bersaglio ha innanzitutto le donne, la nostra libertà e indipendenza. Sanno che colpendo la nostra autonomia sarà più facile calpestare la dignità di tutti. Anche per questo nessuna alleanza politico-militare, nessuna Nato, potranno sostituire la politica, la libertà di popoli e Nazioni di scegliere la via più difficile e costellata di ostacoli che era e rimane la strada della convivenza, come ci racconta Gabriele Segre. La destra non coltiva dubbi. Comanda. Vuole segnare col presidenzialismo una cesura e costruire un racconto opposto. Sono necessari ma non bastano buoni programmi. In questo pianeta in fiamme, serve un movimento civile e politico per un altro mondo possibile. Serve, appunto, una conversione nell'economia, nella fiscalità, nella sicurezza sul lavoro, nella salute, nella cultura e in una difesa comune per tessere diplomazia. Invidio un pacifismo integrale. Nel suo intervento don Giuseppe Grampa ci ha parlato della discontinuità con la "guerra giusta" prodotta dalla *Pacem in Terris*, la lettera enciclica scritta da Giovanni XXIII oltre sessant'anni fa. Era quell'enciclica dedicata alla «pace fra tutte le genti», una pace «fondata nella verità, nella giustizia, nell'amore, nella libertà». La verità è che l'etica della responsabilità per la politica non finisce mai. Vuol dire che ogni giorno dovremmo riflettere su dove fissare l'ago della bilancia tra realismo e promessa, durezze e sogno, tra possibilità e irrinunciabilità delle nostre convinzioni. In tutto questo una certezza l'abbiamo ed è sapere che i diritti e la pace hanno camminato nella sofferenza, nelle lotte, hanno attraversato bisogni, sentimenti, poteri. Il problema nasce quando, di programma in programma, di Governo in Governo, di realismo in realismo, si smarrisce il significato di una promessa, della "terra" dove approdare. Ma quando accade è la pace stessa a smarrire il valore di sé e a soffrirne è la democrazia. E allora si può appannare la profondità di articoli della Costituzione. La nostra, quella fondata sul lavoro, sulla salute, sull'insuperabile Articolo 3 che impone alla Repubblica di rimuovere gli ostacoli che impediscono l'effettiva uguaglianza dei diritti, e sull'impegno impresso nell'Articolo 11: «L'Italia ripudia la guerra come strumento di offesa alla libertà degli altri popoli e come mezzo di risoluzione delle controversie internazionali; consente, in condizioni di parità con gli altri Stati, alle limitazioni di sovranità necessarie ad un ordinamento che assicuri la pace e la giustizia fra le Nazioni; promuove e favorisce le organizzazioni internazionali rivolte a tale scopo».

Tutto questo oggi si ripropone dinanzi a noi nel caos internazionale dove l'ordine sognato, istituzioni sovranazionali e diritto internazionale, sono risucchiati da quella terza guerra mondiale a pezzi che Papa Francesco, lasciato troppo solo, aveva saputo evocare ai sonnambuli sull'orlo di un abisso possibile. Ci siamo vergognati della fuga da Kabul che ha riconsegnato il destino di donne, ragazze, bambine, alla violenza dei talebani. Per la libertà si sono fatte le barricate, quelle realizzate dal moto di popolo qui a Milano nelle Cinque Giornate quando per fermare la cavalleria di Radetzky si accatastava il mobilio gettato in strada dai piani nobili come dai bassi più umili. Pagine di riscatto, questo è avvenuto in passato. Senza la Resistenza l'Italia non avrebbe conosciuto redenzione e dignità. Al fondo è a questo che serve lo stare insieme, confrontarsi, mescolarsi, ascoltare gli altri, aprire le porte per due ragioni almeno. Perché sappiamo che nel dare le risposte non puoi ritrovarti solo o sola. E perché a un certo punto la politica deve trovare dentro sé la forza di decidere. E allora ti appelli al diritto internazionale, ma sai che troppe volte quel diritto e le Carte che lo rappresentano sono state stracciate. Come sai che gli accordi di Helsinki e di Oslo sono stati affossati. Il tutto fino a tapparsi le orecchie e chiudere gli occhi sul dramma dei Curdi o sui lager libici, e solo per non disturbare quegli interessi che da tempo i diritti umani hanno scelto di calpestare. Nei mesi tragici alle nostre spalle, però, qualcosa è avvenuto, non si sono rassegnati i costruttori e le costruttrici di pace. Ciascuna, ciascuno, alla sua maniera, cerca la via per allargare gli spiragli e la solidarietà alle sofferenze di cui sono esempi le parole di Elda Baggio per Medici senza Frontiere e di Alba Bonetti per Amnesty International. "Non fate gli errori che abbiamo commesso noi dopo le Torri Gemelle" ha dichiarato Joe Biden, ma dopo il suo richiamo si sono moltiplicate le crudeltà a riprova di un mondo sottosopra. Il fatto è che senza classi dirigenti visionarie e una spinta di movimenti di base, come fu per il Vietnam o per il Cile, diventa più difficile il cessate il fuoco, il traguardo di "due popoli, due Stati" e di una conferenza di pace. Dopo quest'ultima guerra col suo sacrificio di creature di pochi mesi o anni cosa ancora potremo vedere? Israele siamo noi. Siamo noi le palestinesi innocenti, e quante lottano per la libertà in Ucraina, Iran, Bielorussia.

Qualcuno ha definito la nostra come l'epoca dei corpi. I corpi simbolo di grandezze e miserie della contemporaneità. I corpi in cerca di perenne bellezza, i corpi di ragazze e ragazzi che smettono di nutrirsi perché hanno una fame di senso, i corpi di bambini scheletrici, i corpi stritolati nel lavoro, i corpi nelle carceri. O annegati davanti a Lampedusa, o torturati come Giulio Regeni. O i corpi feriti dalle guerre o senza sepoltura nelle fosse comuni per i quali nessuna Antigone avrà voce. I corpi del pogrom dentro i kibbutz e i corpi di Gaza. A novembre, nella giornata mondiale contro la violenza, ci siamo trovate a marciare in tante. Eravamo un fiume sterminato di donne, ragazze, un lunghissimo corteo di mani e corpi come non si vedeva da anni. Forse è stata la scintilla dopo il corpo di Giulia Cecchettin. Perché dentro ogni conflitto c'è una guerra ed è quella sul corpo delle donne e sulla nostra libertà. I terroristi di Hamas hanno stuprato e lo stupro, il calvario dei corpi, accompagna ogni guerra. Rammentarlo apre forse le menti a chi dimentica che l'amore e il rispetto per l'altra e l'altro sono una scelta nella vita come nella politica. In un suo bel saggio, Eva Cantarella ha ricordato la frase di Sofocle: «Molte cose sono tremende, ma nessuna come l'uomo». Ed Eva Cantarella commenta: «Quell'uomo [...] che ha saputo fare buon uso del progresso: ha imparato a navigare, a pescare, a lavorare la terra, a ripararsi dal freddo, a vincere le malattie... Ma "talora verso il male, talora verso il bene muove"», perché del progresso si può fare anche un cattivo uso... E ti viene in mente Hiroshima. E ti interroghi sulla straordinarietà dell'intelligenza artificiale, del potere della tecnica e di chi governerà il suo uso.

Ha scritto Marina Corradi: «Arrivano in ambulanza nei pronto soccorso degli ospedali israeliani coi segni dell'infarto. Ma gli esami non trovano un infarto: si chiama sindrome di Tsako Tubo, dal nome del vaso giapponese. Un ventricolo si deforma. Se la sindrome non si riconosce, si muore. In nove casi su dieci colpisce donne». A pensarci non è che l'antico morire di crepacuore, di amore, per i dolori immensi, ma lì accade per un bambino martoriato, per una figlia stuprata davanti ai tuoi occhi, per un corpo denutrito a cui non hai né acqua né pane da offrire. Morire di crepacuore supera i confini. Ebree, palestinesi, iraniane perseguitate, migranti, donne in carcere, anche nelle nostre carceri sovraffollate e dove spesso la pena non è recupero, ma solo afflizione. Lo sappiamo bene perché lo abbiamo appreso da quanti sono venuti prima di noi: la democrazia non è cresciuta in un giardino fiorito. Fino dai suoi vagiti è stata pensiero, lotta, coraggio, esempi, biografie. Di tutto questo abbiamo ragionato e discusso. Di come sradicare «la malapianta dell'odio coltivata troppo a lungo, senza che i più forti abbiamo mai avvertito la responsabilità di favorire una soluzione equa per i più deboli», così scrive Gad Lerner nel suo libro, *Gaza*. Ed è estendibile in tanti angoli della terra.

Mi piace pensare che arriverà il momento di uno sciopero globale per la pace. C'è un filo che nessuno può spezzare. Quel filo è la speranza. Ancora una volta a dircelo sono i giovani che cercano "un senso" anche rovesciando la gerarchia conosciuta. Ricordo una frase di Thomas Mann: «Resto convinto che la politica racchiuda in sé molta dura necessità, amoralità, opportunismi. Ma non saprà mai spogliarsi del tutto della sua componente ideale e spirituale, mai rinnegare completamente la parte etica e umanamente rispettabile della sua natura». Credo che oggi in molti desiderino riscoprire quella dimensione etica e umana. Ragazze e donne consapevoli lo pretendono con intransigenza. Noi, con l'umiltà necessaria, abbiamo provato a pensarci, e insieme ad altre e altri su questo sentiero continueremo a camminare.

SALUTI

LORENZO SALA*

Grazie per essere venuti a una giornata che abbiamo voluto fortemente nella convinzione che il campo democratico e progressista non possa più rinviare una riflessione sul nesso più antico, quello tra pace e guerra. Da quando lo scenario internazionale ha iniziato a virare verso conflitti sempre più acuti e tensioni sempre più intense, e da quando il linguaggio della guerra è tornato con prepotenza a invadere lo spazio quotidiano di ciascuno di noi, abbiamo sentito l'urgenza di una giornata capace di restituire spazio a un ragionamento, un'analisi, su di un tema troppo a lungo rimosso. Ci aiuteranno contributi e testimonianze più che mai preziose oggi, quando lo scenario geopolitico muta tanto velocemente imponendo alla politica e alla sinistra di attrezzare nuovamente un approccio analitico in grado, quei cambiamenti, non solo di registrarli, ma di interpretarli nel modo più corretto. Lo faremo con l'obiettivo di riannodare i fili verso tutte le persone che questo contesto internazionale vivono con angoscia anche perché spiazzate dal sommarsi delle preoccupazioni quotidiane con l'ansia per il destino di figli e nipoti. Del resto, è proprio in questi passaggi di tempo, o di epoca, che torna pressante il bisogno di immaginare il futuro e riscoprire una narrazione che non sia solo quella appiattita sul resoconto della cronaca. Insomma, sentiamo il bisogno di ragionare, unire, rispettare la pluralità degli sguardi e dei punti di vista su un mondo scosso da odi e conflitti perché solo così riusciremo a restituire alla politica la forza delle sue passioni migliori.

---

* Segretario della Federazione del Partito Democratico di Monza-Brianza.

ALESSANDRO CAPELLI*

Quella che affrontiamo oggi è una discussione che ha rilevanza nazionale e internazionale: per il Partito Democratico di Milano l'idea che questa riflessione si svolga in una città crocevia d'Europa è un motivo di orgoglio e indica una strada che ci accompagnerà da qui ai prossimi anni. Il titolo della giornata – *La parola Pace. L'utopia che deve farsi realtà* – associando quei due termini, pace e utopia, può far pensare davvero che oggi la pace non stia in nessun luogo. Tanto più è compito della politica smentire una diagnosi all'apparenza infausta. La realtà è che il mondo che ci stiamo consegnando nega la pace in luoghi dove non c'è mai stata, almeno negli ultimi secoli, ma troppe volte la nega anche dove pensavamo fosse un principio acquisito una volta e per sempre. Lo dico perché al fondo non è così lontano quel 1992 quando negli Stati Uniti si teorizzavano la fine della storia e un mondo consegnato a un destino di democrazia e libero mercato. Invece da almeno due anni conviviamo con una guerra dentro i confini politici ed emotivi dell'Europa. Ecco perché un confronto come questo può aiutarci sul piano del pensiero, e assieme sul terreno delle emozioni. Se posso descriverlo con una testimonianza, da quando la guerra è scoppiata in Ucraina questa sensazione di disagio verso una realtà angosciante la vivo su di me. Mi rendo conto che è lo sguardo di una persona nata e cresciuta in Occidente e che si è potuta permettere il lusso di credere alla pace come valore acquisito e irreversibile, almeno

* Segretario della Federazione metropolitana milanese del Partito Democratico.

nello spazio geografico prossimo a noi. Invece abbiamo scoperto che non era così. Quella guerra è entrata anche nelle nostre vite, nei nostri sogni, e ora la recrudescenza di ciò che sta accadendo in Israele e in Palestina grava su ciascuno perché ci riguarda non solo sotto il profilo dei valori, ma di un futuro che sentiamo di dover condividere. Al fondo proprio in ragione di questo spaesamento sento il bisogno di immaginare un nuovo grande movimento per la pace, che non sia solamente la spinta a mediare dentro i conflitti aperti. Penso a un movimento che abbia un'ambizione diversa, globale, autorevole. Che investa sulla cooperazione internazionale come fattore di crescita del pianeta. Che investa sulla convivenza dei popoli e chieda ai popoli in armi di tornare a credere in una coesistenza possibile. All'inizio del nuovo millennio il movimento per la pace fu definito la seconda grande potenza mondiale. Sembra trascorso un secolo e non una ventina d'anni. Anche per questo è bella l'idea che da Milano si riapra una discussione sul significato di un percorso dotato di una sua forza e autorevolezza destinata a incidere anche sulle scelte e il pensiero della principale forza dell'opposizione.

SILVIA ROGGIANI*

Siamo ormai poco disposti a dedicare il nostro tempo alla riflessione e a un pensiero approfondito. Troppo spesso ci lasciamo imprigionare nell'oggi, nell'immediato, cercando risposte dove la velocità conta più dell'efficacia. Ma per giungere a soluzioni profonde è necessario studiare, documentarsi, e confrontarsi. Per questo sono grata a un momento di dialogo che colloca al centro il tema della pace, quel valore che dovrebbe essere universalmente riconosciuto perché il solo in grado di oltrepassare qualsiasi barriera sociale, religiosa, ideologica. Costruire la pace significa anche e soprattutto credere e battersi per quel traguardo storico. Significa porre il bene delle popolazioni al di sopra di qualsiasi convenienza, opportunismo o tornaconto. L'incontro di oggi ha il merito di stimolare una discussione sull'insieme di questi temi e lo farà con lo sguardo rivolto ai principali conflitti aperti davanti a noi, dalla guerra in Ucraina alla tragedia in Israele e Gaza. Lo faremo con un approccio serio e rigoroso, contro una logica faziosa che impone arruolamenti e scomuniche. Certo, nella chiarezza che dal primo momento ci ha fatto denunciare l'invasione russa dell'Ucraina, l'orrendo pogrom di Hamas del 7 ottobre e la strage nella Striscia di Gaza. Voglio credere che sarà solo l'inizio di un dialogo proficuo destinato a coinvolgere l'opinione pubblica fuori da noi evitando semplificazioni sbagliate su temi incredibilmente complessi. Se la parola 'pace' occuperà di nuovo un ruolo centrale nell'agenda politica dell'Europa, allora potrà contribuire più e

* Deputata e segretaria regionale lombarda del Partito Democratico.

meglio di quanto non abbia fatto sin qui al superamento dei conflitti che la investono e ne possono alterare la natura frutto di una reazione politica alle peggiori tragedie del Novecento. In questo percorso l'Italia può e deve fare la propria parte, anche nel ricordo di quella bellissima sintesi pronunciata molto tempo fa dal Presidente Pertini: l'Italia come «portatrice di pace nel mondo».

DAVIDE RANALLI*

Non era scontato vedere una sala così piena e attenta, ma se in tante e tanti avete risposto al nostro invito significa che una riflessione sulla parola 'pace', su questo concetto all'apparenza condiviso da tutti e, invece, in questo nostro tempo così difficile da declinare, era un bisogno sentito. Cercheremo assieme di capire meglio le ragioni che ci hanno portato qui, e lo faremo discutendo e ragionando senza l'assillo di un voto dietro l'angolo, ma con la consapevolezza che solamente il recupero di uno sguardo sulla complessità, liberi da scorciatoie e semplificazioni, oggi è in grado di orientarci nelle dinamiche della geo-politica e dentro i nuovi assetti di un mondo privo di una guida e un ordine riconosciuti. Ci aiuteranno personalità diverse, per formazione, impegno, sensibilità. Ma proprio questa diversità di linguaggi e punti di vista ci è sembrata la chiave giusta, quella più in grado di offrirci materia per approfondire quegli snodi che la politica e la sinistra non possono permettersi di rinviare. Dunque, grazie da subito a quante e quanti arricchiranno questa giornata nella speranza che si tratti solamente della prima tappa di un percorso più ricco e completo.

* Direzione Nazionale del Partito Democratico.

INTERVENTI

ROMANO PRODI*

Ciò che sta accadendo, la guerra in Ucraina ai confini dell'Europa e il conflitto tra Israele e Palestina, ha messo in pericolo la pace, e questa è certamente la nostra più grande preoccupazione. Allo stesso tempo a essere in pericolo è anche l'ambiente per la cui tutela l'Europa ha sempre messo in campo le migliori proposte. Da Presidente della Commissione Europea ho viaggiato da un Paese all'altro in tutto il mondo per trovare l'approvazione del protocollo di Kyoto e, anche se è vero che poi non è stato rispettato, l'Europa è stata protagonista di un grande cammino politico che adagio adagio, con una lentezza estrema, sta in qualche modo ancora procedendo. Tuttavia, dobbiamo tenere presente che le politiche ambientali non possono essere solo europee, perché l'Europa è responsabile del 7-8% dell'inquinamento mondiale. Se non riusciamo ad avere una forza aggregante rispetto agli altri, non possiamo comportarci da primi della classe, chiudendo tutte le nostre imprese, mentre gli altri inquinano. Non è che l'anidride carbonica nell'aria abbia dei confini politici. Tutto questo non deve naturalmente spingerci a rallentare il cammino verso il necessario equilibrio ambientale. Il cammino deve essere anzi percorso con più vigore, ma con politiche pragmatiche, razionali ed eque. Politiche capaci di raggiungere l'obiettivo, quindi più condivise sul piano sociale, in modo da evitare il diffondersi dei movimenti di protesta. Il rischio è quello di avere un'Europa virtuosa, fino al sacrificio della sua stessa economia, ma impotente sul piano di una globale riduzio-

* Ex Presidente del Consiglio e della Commissione Europea.

ne dell'inquinamento. È giusto e doveroso alzare continuamente l'asticella della politica ambientale, ma è altrettanto doveroso fornire ai cittadini le tecniche e i muscoli necessari per saltare più in alto.

Le prossime elezioni europee sono importantissime perché gli estremismi hanno fatto progressi negli ultimi tempi e non solo nelle elezioni olandesi. Anche in Spagna e in Polonia, dove le elezioni sono andate abbastanza bene, gli estremismi hanno speso la carta fortissima dell'antieuropeismo. Non penso al pericolo di nuovi abbandoni perché, dopo la Brexit e le gravi difficoltà in cui si trova la Gran Bretagna, nonostante sia un Paese forte che si riteneva protetto dagli Stati Uniti, nessuno pensa più di lasciare l'Europa. Però abbiamo Paesi che vogliono paralizzare l'Europa, proprio mentre noi avremmo bisogno della massima unità e di un forte attivismo politico. Vedo qui la ragione perché si acceleri una riorganizzazione nei diversi partiti sui temi europei, a cominciare dal Partito Democratico che ancora è l'unico ad avere la forza di dar vita a una grande e diffusa campagna europeista. Credo sia questo un dovere e una responsabilità indispensabili nei confronti delle future generazioni perché, se si consolidasse un assetto politico che relegasse l'Europa all'immobilismo politico, la storia ci insegna che non sarà solo un breve passaggio, ma sarà una condizione destinata a durare a lungo. Se non riusciremo a cambiare il nostro destino, l'Europa sarà schiava per secoli. Allora, credo che il voto sia e debba essere soprattutto espressione del senso di responsabilità nei confronti delle nuove generazioni. Dico queste cose perché so che viviamo un momento difficile, lo dimostrano tante cose, dalla guerra in Ucraina che può allargarsi ancora, allo scenario del Medio Oriente. Il pericolo è che le elezioni europee premino gli estremismi e le posizioni più radicali. Una scelta che potrebbe sembrare la risposta adeguata alla paura e all'insicurezza. Il punto invece è che paure e insicurezza sono proprio il frutto della mancanza di unità politica che ren-

de l'Europa del tutto inesistente sullo scenario mondiale.
Lo stesso grande scontro fra Cina e Stati Uniti ha la necessità di un mediatore nel senso più attivo della parola: ossia un interlocutore capace di avanzare con forza e autorevolezza soluzioni ai contendenti e di far comprendere che, in quello stesso logorante scontro, non vi è alcun vero interesse per gli stessi contendenti. Questo è il compito che la Storia ha assegnato all'Europa ed è un compito che l'Europa non riesce più a svolgere. E così la situazione si è evoluta nel senso inverso: sia gli Stati Uniti che la Cina sono andati alla ricerca delle loro alleanze. Gli Stati Uniti hanno serrato i ranghi nella Nato che è sotto il loro comando, con un'Europa molto indebolita. Mentre da parte cinese si sono cercate ovunque alleanze. Attraverso un aumento impressionante del commercio e degli investimenti in Africa e in America Latina, una formidabile penetrazione politica ed economica in Asia con la Via della Seta, la Cina sta tentando di liberarsi dall'eccessiva dipendenza dai mercati capitalisti. Si sta delineando una situazione che potremmo chiamare "Ovest contro tutti". Una condizione di rottura del mondo che non giova a nessuno. Dinanzi a una fotografia del mondo così tragica, la voce che non si sente è purtroppo quella dell'Europa. La voce più necessaria, quella che viene ritenuta capace di avanzare proposte inclusive e di mediazione, ma relegata a un ruolo puramente passivo. Pensiamo alla guerra che si consuma in Ucraina. L'Europa non ha svolto nessuna mediazione. Persino la Turchia, seppure in un ruolo marginale, quello del settore alimentare, ha assunto una qualche iniziativa. L'Europa nulla, paralizzata di fronte alle elezioni, divisa e quindi orfana di un ruolo. Ecco perché credo che le prossime elezioni debbano essere l'occasione di realizzare i cambiamenti istituzionali necessari per restituire all'Europa il suo dinamismo politico. Lo dico consapevole del fatto che nell'Unione Europea coesistono diversità e convivono storie diverse: fortunatamente l'allargamento è avvenuto quando doveva essere rea-

lizzato perché, diversamente, noi oggi ci troveremmo a dover temere per la Polonia così come temiamo per l'Ucraina. L'Europa rimane la nostra unica alternativa, ma istituzionalmente non siamo ancora riusciti a trovare il modo di liberarla da questa paralisi. Per riuscirci dobbiamo sbloccare la regola dell'unanimità, un meccanismo di decisione che non esiste e non funziona in nessuna istituzione del mondo. Da un lato sappiamo che la nostra presenza è indispensabile nel mondo, dall'altro rendiamo qualunque nostro ruolo impossibile a causa di istituzioni che non possono funzionare. Cosa fare? Penso che non basti lamentarsi. Bisogna reagire e fare in modo che il nuovo Parlamento e la prossima Commissione escano da questa impasse. Se avremo una maggioranza in grado di decidere per una politica estera e di difesa comuni, immediatamente il nostro ruolo diventerà strategico.

Pensiamo alla Libia, così vicina all'Italia e ai confini a sud dell'Europa: in Libia comandano la Russia e la Turchia. L'Europa in Libia ha condotto iniziative del tutto improvvide, non in grado di creare alcun nuovo rapporto istituzionale. Basterebbe questo a dare conto del bisogno di una maggiore unità che passa da nuove regole, dal voto a maggioranza, dalla necessità di cambiare alcune strutture europee, dalla politica estera e di difesa unitarie. Come conseguenza della guerra in Ucraina, invece, ogni Paese è ricorso ad aumenti fortissimi della propria spesa destinata alla difesa. Ma non era questo il nostro obiettivo! Sommando la spesa complessiva di tutti i Paesi europei in un unico progetto, si potrebbe garantire la loro sicurezza in grado molto elevato e senza spendere di più, almeno nei primi anni. Scegliendo questa soluzione, il giorno dopo le nostre spese militari possono rimanere uguali per entità, ma risultare infinitamente più efficaci. Tuttavia un esercito comune europeo non nascerà mai finché un solo Paese, la Francia, detiene il diritto di veto al Consiglio di Sicurezza e l'arma nucleare, e non sarà disposto a condividere queste due prerogative con l'Europa.

Il conflitto ucraino mette a rischio anche il consolidato equilibrio europeo che ha sempre visto la supremazia tedesca in campo economico e quella francese in campo politico e, dopo la Brexit, in campo militare. L'aumentato impegno militare della Germania, che ha messo subito sul tavolo 100 miliardi di euro e ha prospettato un aumento della spesa annuale per la difesa da 50 a 80 miliardi, colloca il bilancio tedesco della difesa, almeno in termini nominali, al terzo posto nel mondo, dopo quello americano e cinese e molto superiore a quello russo. Se non si procederà rapidamente a una politica comune, la Francia sarà destinata a perdere progressivamente il ruolo che ricopre. Non ho dubbi nei confronti della maturità della democrazia tedesca, ma la tacita divisione dei compiti fra Francia e Germania (nell'ambito della quale l'Italia ha sempre giocato un ruolo di attiva ed essenziale mediazione) è sempre stata una garanzia di valore inestimabile per mantenere gli equilibri necessari per la costruzione di un'Europa capace di esercitare il suo ruolo nella politica mondiale. E riguardo a questo la Francia, che detiene l'atomica, ha una responsabilità più grande e una leadership naturale, ma dovrà sbrigarsi a mettere l'arma nucleare a disposizione dell'Europa, visto l'aumento della spesa militare tedesca. Credo sia la grande sfida che abbiamo di fronte: essere *uniti* per la pace, ma allo stesso tempo risultare *efficaci* per la pace. Se domani Parigi dichiarasse che il diritto di veto presso il Consiglio di Sicurezza passa a livello europeo e l'armamento nucleare al servizio dell'Europa, ne guadagnerebbe la Francia e con la Francia l'Europa. Allora sì che potremmo, il giorno dopo, iniziare ad avere un ruolo attivo nel mondo, aiutare processi di pacificazione in contesti acuti di crisi.

La mia convinzione è che questa epoca debba finire, ma non perché vogliamo diventare una potenza, ma l'Europa deve essere capace di avere almeno una politica regionale e una politica del Mediterraneo. Per costruire la pace nel Mediterraneo e per affrontare con ordine e con serie prospettive di successo anche il problema delle migrazioni, dobbiamo ricreare rapporti con la sponda sud del Mediterraneo. Lo possiamo fare solo con una grande collaborazione a livello europeo, mettendo in atto strumenti nuovi e puntando tutto sulle giovani generazioni. E lo dobbiamo fare con decisioni concrete, fuori da ogni traccia paternalistica o neocoloniale, a partire dalla cultura e dai giovani. Penso quindi che lo strumento adatto per iniziare questa nuova era nel Mediterraneo sia dare vita a venti-trenta "Università Mediterranee", cioè università miste, paritarie ed eguali operanti nella stessa misura e con gli stessi strumenti sulla costa del Nord e sulla costa del Sud del mare. Non filiali delle nostre università, ma università ciascuna con un campus al Sud e uno al Nord. Solo per fare un esempio: una sede condivisa a Bari e Tobruk, a Napoli e Tunisi, ad Atene e il Cairo, a Barcellona e Rabat e così via. Una grande rete di università che coinvolga direttamente, da parte europea, Italia, Francia, Spagna, Grecia, Portogallo, Malta, Cipro e i Paesi dell'Adriatico. Legata a una rete altrettanto significativa di Paesi del Sud. Un'iniziativa grande, seria, impegnativa che, in ogni ateneo, coinvolga obbligatoriamente lo stesso numero di professori del Nord e del Sud, lo stesso numero di studenti del Nord e del Sud e, per ogni studente, identici anni di studio al Nord e al Sud. E per evitare possibili problematiche di carattere politico, ideologico o religioso si dovrà iniziare la prima fase del progetto con studi di ingegneria, matematica, fisica, medicina, agraria, economia e altre discipline delle diverse facoltà scientifiche. Seguiranno poi anche le facoltà umanistiche. Quando, nello spazio di dieci-quindici anni, più di cinquecentomila ragazzi avranno studiato e vissuto insieme, la pace e lo sviluppo del Mediterraneo saranno un obiettivo concretamente raggiungibile.

L'Europa ha una responsabilità che deve saper interpretare attingendo ai valori etici che stanno alla base della sua fondazione, valori ispirati alla pace, alla solidarietà e all'unità. Sono queste le riflessioni che ci debbono guidare verso le elezioni europee, dove a contare non sarà il prevalere di un partito sull'altro, ma la possibilità e la capacità di coltivare un'idea comune del nostro futuro.

MARIO GIRO*

È molto importante parlare di pace in maniera nuova. La pace è il terreno proprio della democrazia e dei Governi democratici. Le democrazie non stanno mai bene nella guerra; infatti, non sono quasi mai pronte a combattere. Il terreno della guerra è quello preferito dalle autocrazie e dai regimi dittatoriali: servono a loro per giustificare il proprio potere e per rafforzarsi. Non dobbiamo lasciarci trascinare, ma tornare a parlare di pace perché abbiamo parlato troppo di guerra in questi ultimi tempi. Ci siamo schierati pensando che in questo modo avremmo risolto il problema. Non è così: la guerra ci obbliga a distogliere lo sguardo, spingendoci a considerare soltanto le ragioni e i torti. In realtà la guerra è un ingranaggio che sfugge a ogni controllo e cerca di diventare permanente. Così abbiamo sprecato 80 anni di pace. Romano Prodi nel suo intervento ricorda la storia e ci avvisa: «attenzione perché se adesso sbagliamo, sbaglieremo per l'intera generazione successiva». È vero: la generazione rappresentata da Romano Prodi è quella del *never again*, del mai più la guerra. Si tratta della coscienza maturata nella fornace della Seconda Guerra Mondiale e della Resistenza da cui quella generazione trasse un grave insegnamento sulla guerra come strumento. Anche la generazione che visse la Prima Guerra Mondiale ha testimoniato che la guerra non è mai la soluzione. Con le due guerre mondiali l'Europa si è quasi suicidata, ha quasi perso la sua anima con la Shoah. Quando è esplosa la guer-

* Viceministro degli Esteri nei Governi Renzi e Gentiloni, editorialista.

ra in Ucraina, iniziata in realtà nel 2014, ci eravamo quasi scordati di quanto fosse essenziale la pace. È stata una nostra responsabilità: chi ha manifestato per la pace in Siria? Quella guerra continua da oltre dieci anni, ma nessuno ha chiesto a gran voce di arrestarla. Ci sono altri conflitti terribili con i quali pretendiamo di convivere come se non ci riguardassero, come quello del Sudan o la guerra in Libia e altri. Solo il 24 febbraio improvvisamente ci siamo scossi per il ritorno della grande guerra in Europa.

Il problema è comprendere che strumento sia la guerra: essa ha una sua autonomia, sfugge al controllo di chi la decide o di chi la dichiara, tende a eternizzarsi. Per questo il dibattito su "guerra giusta o ingiusta" è incompleto. La guerra ha un suo obiettivo indipendente da chi la conduce: rendersi permanente celandosi dietro le ragioni degli uni o degli altri. È un metodo mimetico: distoglie lo sguardo da sé e ci chiede di schierarci concentrandoci sulle ragioni delle parti. In realtà i protagonisti non hanno in mano quasi niente: russi e ucraini stanno ripetendo un rito sempre uguale nella storia, fatto di propaganda, retorica e passioni istintive. È evidente che la totale responsabilità del conflitto ucraino ricade su chi lo ha iniziato, su chi ha voluto la brutale aggressione di un Paese sovrano: la Russia e il suo Presidente Vladimir Putin. Ma affermare questo non è sufficiente a capire ciò che sta accadendo e che potrebbe avvenire nel prossimo futuro. Siamo immersi in un'isteria istintiva in cui la guerra sembra ineluttabile e pare non ci sia nessun'altra soluzione. Ma il vero problema rimane: come si arresta tale deriva? Se guardiamo a Gaza oggi ci rendiamo conto di quanto aver dimenticato quella crisi per anni abbia creato una situazione impossibile e atroce. Come il 24 febbraio, anche il 7 ottobre ci ha risvegliati dal sonnambulismo. In Terra Santa la soluzione dei due Stati, che improvvisamente tutti i leader riscoprono come una formula magica, in realtà non esiste quasi o non è più facilmente realizzabile. Paradossalmente lo Stato palestinese può nascere proprio a Gaza che è nelle mani di Hamas e che in Israele nessuno auspica. Ma anche il progetto di eliminare del tutto Hamas appare un'illusione. Sull'altro quadrante lo stesso si può dire per chi spera di eliminare la Russia, di farla scomparire per sempre. Noi tutti abbiamo rispettato la resistenza eroica degli ucraini dei primi mesi: se non avessero resistito probabilmente non li avremmo aiutati. La parte problematica sorge quando in Occidente la narrazione è diventata quella della vittoria sulla Russia. Qualcuno ha pensato (e pensa ancora) che finalmente è giunta l'occasione per spezzare la Russia, eliminarla. Specularmente, in Israele qualcuno oggi dice: eliminiamo tutti i palestinesi o se ne vadano. Si tratta di ideologie senza fondamento, di incubi geopolitici utili solo a perpetuare i conflitti. Anche chi non sa niente di geopolitica sa che negli ultimi 30 anni non c'è stata una guerra che abbia risolto i problemi, anzi in genere li ha amplificati. Va tenuto conto che di questi tempi la guerra è sempre ibrida: una volta si scontravano Stati (in Medio Oriente, Egitto o Siria contro Israele ad esempio). Gli Stati hanno un loro modo di ragionare. Ma un soggetto ibrido come il terrorismo (tipo Hamas) non muore mai, non perde mai, è proteiforme e rispunta sempre. Dobbiamo liberarci dal desiderio solo di schierarci: il che non significa essere neutrali o assolvere qualcuno. Significa invece guardare allo strumento guerra per quello che è: un ingranaggio che toglie il libero arbitrio anche ai leader. Figuratevi ai popoli. Cacciari afferma che, se la parola 'pace' sembra troppo irrealistica, si può darle un altro nome, chiamandola "atto di responsabilità" per arrestare il massacro. Il problema che ci dobbiamo porre è come si potrà tornare a parlarsi. Il dramma di Israele oggi è guardare alla pace di domani per ciò che potrà essere. La guerra non fa piani per il futuro mentre fare pace significa pensarci già ora, mentre si combatte. Tra israeliani e palestinesi si è spezzata definitivamente la fiducia. Tutti gli israeliani, anche quelli di sinistra, oggi pensano che, se offrendo "mezzo Stato" (com'era

Gaza) i palestinesi hanno potuto commettere atti così atroci – un vero pogrom – cosa potrebbero fare se gli si dà uno "Stato intero"? Si tratta di paure comprensibili. Ma non si può dar torto ai palestinesi quando dicono: «noi abbiamo diritto a un nostro Stato». Il grave errore occidentale è stato dimenticare quella crisi pensando che si risolvesse da sola. Mi ricordo nel 2016 a un Consiglio Europeo a Bruxelles, Benjamin Netanyahu dichiarare ai Ministri dei 28 stati membri: «Guardate che il problema palestinese è risolto, non ci sarà mai un secondo Stato». E nessuno fiatò. Anche dopo Minsk II nessuno pretese davvero l'applicazione degli accordi. La guerra era iniziata nel 2014 come sappiamo, ma nessuno chiese l'applicazione di ciò che era stato firmato: dovevano cominciare a disarmare i filorussi o doveva iniziare Kiev a dare l'autonomia rafforzata? Com'è noto, entrambe le parti non applicarono quegli accordi. Oggi la guerra del 2014 è ripresa e, malgrado la sua aggressività, nemmeno Putin sa davvero come finirà. La Russia è entrata in una fase da economia di guerra, dipendendo dalla Cina e da altri alleati. Malgrado le parole dei suoi leader, così non tornerà mai a essere la potenza che fu. Noi nell'Unione Europea siamo democratici e nel nostro DNA è iscritto che i contenziosi e le contese si risolvono col compromesso e col negoziato. Sappiamo anche che ciò che urgentemente occorre è tornare a prima degli accordi di Helsinki: ricostruire, cioè, la sicurezza collettiva nel nostro continente. È doloroso dirlo ma quando si utilizza il metodo del compromesso significa che si deve rinunciare a qualcosa per un bene più grande, per garantire il futuro all'Ucraina e a tutti noi. Cosa implica la pace? Rinunciare a qualcosa per un bene più grande. Su questo occorre lavorare da subito.

LUCIA ANNUNZIATA*

Credo sia sempre molto importante avere una discussione collettiva quando si pongono temi che toccano gli equilibri politici ma anche gli equilibri emotivi delle persone. Questo incontro avviene nella prima fase di una guerra a Gaza che appare destinata a diventare molto lunga. Questa prima fase ha date certe: dura dal 9 ottobre fino alla prima tregua del 24 novembre durante la quale è avvenuto il primo scambio fra ostaggi israeliani e prigionieri palestinesi di Israele. Dal 9 ottobre a oggi l'esercito israeliano ha riconquistato tutte le località attaccate e precedentemente occupate da Hamas, ha quindi spostato le sue truppe corazzate sul confine della striscia di Gaza, iniziando l'assedio militare dell'intero territorio palestinese, con in aggiunta il blocco totale delle forniture di elettricità, carburante, cibo e acqua. Nel frattempo, unità speciali hanno continuato i rastrellamenti e i controlli nel territorio israeliano, alla ricerca di incursori di Hamas. È utile forse qui percorrere le varie fasi di questo intervento per capire lo svolgimento della strategia israeliana.

Il 10 ottobre sono iniziati su Gaza bombardamenti dell'aviazione, nonostante la presenza dei civili in zona. Nella serata del 12 ottobre l'IDF ha ordinato l'evacuazione di circa 1,1 milioni di residenti del nord della Striscia, lasciando solo 24 ore di tempo per raggiungere il Sud, mentre, nelle stesse ore, Hamas ha invitato i residenti a restare a casa, asserendo che l'avviso israeliano fosse solo un atto di propaganda. Il 30 ottobre le forze israeliane avevano già

* Giornalista, parlamentare europea.

preso il controllo delle arterie stradali centrali, tagliando in due la Striscia, prima di lanciare l'avanzata di terra nelle periferie di Gaza. Obiettivo dichiarato dell'esercito israeliano: le strutture di comando di Hamas, situate nel sottosuolo di Gaza. Il non detto è che questo intervento si svolge in una vasta area di abitazioni civili densa di scuole, ospedali e luoghi di culto, in cui le "strutture militari" sono difficili da separare. Per cui l'uccisione massiccia di civili è parte accettata, consequenziale, dello stesso piano di attacco. L'8 novembre Hamas perde il controllo di territori a nord di Gaza, il 14 e il 15 le forze di Israele avanzando da sud conquistano quel che definiscono una roccaforte di Hamas, l'Ospedale Al-Shifa. Il 16 viene annunciata dall'IDF la conquista anche delle periferie occidentali della città di Gaza compresa tutta la fascia litoranea. Il livello di distruzione e di vittime (fra cui anche soldati israeliani in numero maggiore di quello che l'esercito di solito si permette di avere) è senza precedenti a causa anche del tipo di ambiente di cui dicevo poco sopra: urbano, densamente popolato, stretto in pochissimi chilometri di guerra. È la conferma che la scelta militare è consapevolmente un attacco in cui la questione civili non è computata. Si arriva così al 24 novembre, data di una tregua concordata tra Israele e Hamas di quattro giorni per consentire l'ingresso di aiuti umanitari nonché lo scambio di 50 ostaggi rapiti da Hamas con 150 tra donne e minori detenuti da Israele.

La tregua viene prorogata per ben due volte, aprendo alla speranza di un cessate il fuoco. Speranze cadute il 1° dicembre. Le ostilità sono riprese. Hamas ha lanciato missili verso i territori israeliani, ma senza grande efficacia. Israele, invece, ha ripreso bombardamenti a tappeto che solo nel primo giorno hanno fatto 400 morti. Fin qui dove siamo oggi. Il dettaglio da cui vorrei partire per valutare questa fase di guerra che ricomincia è che, prima di scatenare questo nuovo assalto aereo, Israele ha inviato agli abitanti di Gaza volantini con un codice QR che mostra una mappa delle zone sicure. Un'azione surreale se si considera le condizioni di Gaza in cui manca tutto, figuriamoci il web, e il tipo di attacco, bombardamenti indiscriminati. Tornerò su questo dettaglio.

La domanda da cui dobbiamo partire per aprire questa discussione è: chi ha vinto questa prima fase della guerra? Per me, è chiaro che l'abbia persa Israele. Ed è proprio il dettaglio sopra che lo dimostra. A Napoli si invocherebbe quello che si diceva delle disposizioni militari di Re Franceschiello: «*Facite ammuina*», fate vedere che vi muovete, anche se è solo a caso. L'idea della mappa inviata da Gerusalemme a Gaza – una mappa in cui c'erano disegnati dei quadrati di territorio, col numero sopra, in cui i civili potevano rifugiarsi in quanto zone sicure – è in sé una idea a dir poco ridicola. E forse ancora più ridicola è stata la spiegazione dell'IDF che in caso di bombardamenti di edifici civili, l'esercito si attivava per contattare i civili per avvertire di uscire. Mi immagino la telefonata (in un posto senza corrente per la ricarica dei cellulari) in cui un militare dice: «Scusi inquilino numero 3, lei è ancora a casa, vada nella zona sicura 4B perché noi lì dobbiamo bombardare».

Ovviamente tutto ciò è pura presa in giro, un atto formale per dare una qualche rassicurazione agli USA, che si sono lamentati dell'alto numero di morti civili e contemporaneamente rassicurare i falchi di Israele che la guerra continuerà. In fondo, si sente dire negli ambienti IDF, ci sono stati 400 morti in una sola giornata. Appunto – e dirò ora una cosa cruda di cui vi chiedo scusa in anticipo – 400 morti citati così significa quanto pochi sono considerati per le dimensioni di questo scontro. Questa che ho raccontato è la disamina del primo giorno di ripresa del conflitto dopo la tregua. Ma la guerra va valutata continuamente, minuto per minuto quasi, perché il suo andamento costituisce un segnale politico. In verità questi volantini con codice QR come salvaguardia dei civili sono la perfetta dimostrazione che Israele è in un momento molto difficile. Intanto nei confronti degli USA, che dopo le prime ora di collaborazione senza se e senza ma, offerta dallo straordinario viaggio in prima persona del Presidente Biden, hanno rapidamente preso atto della ingestibilità di una guerra di tale portata. E al momento sono letteralmente sul collo dell'intera regione perché si arrivi presto a un accordo. Le ragioni dell'attuale amministrazione Usa sono prevalentemente egoistiche: è in corso l'elezione presidenziale (novembre 2024), hanno paura che vinca Trump, hanno il problema Cina, non s'aspettavano tutto questo, vogliono liberarsi di Benjamin Netanyahu che a sua volta usa l'arma di una guerra lunga in attesa proprio delle elezioni e in attesa di Donald Trump. La corsa per fare presto è misurata dal grande traffico di dignitari americani che ingolfa la regione: da Biden alle varie e continue missioni del Segretario di Stato Blinken, del capo della CIA, Burns, e di vari funzionari meno noti ma altrettanto rilevanti sui vari dossier. Parliamo di Brett H. McGurk, diplomatico che ha lavorato in varie posizioni su questione di Sicurezza Nazionale per i Presidenti George W. Bush, Barak Obama, Donald Trump, e che oggi è per Biden il coordinatore nel Consiglio di Sicurezza Nazionale di Medio Oriente e Nord Africa; e di Amos Hochstein, collaboratore di Obama e oggi di Biden, che gli ha affidato il dossier Libano.

Israele deve dunque tenere almeno un po' conto delle raccomandazioni USA. E le opzioni militari per prendere la strada di un diverso tipo di interventi ci sono. Ad esempio, il Governo israeliano ha detto, tra le altre cose, che la battaglia contro Hamas sarà portata in tutto il mondo. Tutti sanno che Israele ha la lista di tutti i capi di Hamas, dove vivono, che fanno, dove vanno i figli a scuola. Una sorta di nuova Monaco, che durerebbe molti anni. La vendetta spalmata su un lungo tempo sarebbe sicuramente la scelta che eviterebbe di coinvolgere indiscriminatamente grandi masse di civili. Ma è diverso l'attacco massiccio, indiscriminato, a civili, come fatto da Hamas, ma proiettato su dimensioni impensabili. Più che l'invocato diritto di difendersi, Netanyahu ha scelto la forza della vendetta, nel senso di danno totale nei confronti di un intero popolo. Al momento Israele ha scelto la strada dell'attacco indiscriminato e senza scampo, che considera i morti civili una fatalità se non addirittura una punizione. Ma è proprio la radicalità di questa scelta la dimostrazione, a mio parere, della debolezza del Governo di Gerusalemme: Israele uccide tanti civili soprattutto per coprire il fatto che non è più politicamente un Paese forte come prima, perché non ha più la posizione militare dominante che da sempre è stata la chiave della sua sicurezza in Medio Oriente. In effetti questa non è una notizia recente. La debolezza della macchina da guerra israeliana l'abbiamo scoperta già nel 2006 con la seconda guerra del Libano[1] (la prima è del 1982) iniziata con una «vasta operazione militare», in pratica l'invasione del Sud del Libano contro Hezbollah. È l'anno dopo in cui il Governo aveva deciso il ritiro da Gaza (2005), proprio per intervenire in Libano e ridurre il peso di Hezbollah al suo confine nord. Una decisione presa con una certa fretta, e una certa sicumera. Il piano, nato sulla convinzione di potere "ripulire" presto e bene il gruppo sciita fedele all'Iran, terminò dopo soli 34 giorni, e con una veloce ritirata delle truppe di Gerusalemme, di fatto accerchiate da Hezbollah. Il cessate il fuoco fu raggiunto grazie all'intervento delle Nazioni Unite. Il 14 agosto del 2006. Una conclusione che non è stata dimenticata in Israele. Parte della soluzione fu la creazione fra i due Stati di una zona sorvegliata dall'UNIFIL – affidata agli Italiani, che ancora si trovano lì.

Molti anni dopo quel piano del 2005, che tra le altre cose coltivava l'illusione di aver "sedato" Hamas con investimenti e permessi di lavoro, si è rivelato un errore anche a Gaza. Come ci dicono i numerosi fallimenti che hanno permesso la vittoria del massacro di Hamas: tutte le indicazioni non raccolte da militari, intelligence e Governo. Quest'ultimo probabilmente "distratto" dalla sua concentrazione sulla difesa dell'espansione dei coloni nel West Bank. Cosa su cui occorre tornare. Un errore "catastrofico" come ammesso poi – anche se non ci sono state vere responsabilità attribuite – dallo stesso Gabinetto di Guerra. Tuttavia, la crisi 2005/2006 non è la sola origine della crisi attuale che investe l'intero sistema paese. Crisi di modello, occorre dire: Israele è in mezzo a un ampio cambio di modello economico e generazionale, collegato a una ulteriore estensione della sua connessione globale, che tra gli altri effetti ha dato vita anche in questi ultimi anni a quello che si può considerare un grande processo democratico interno. Al momento del massacro, Israele viene da un anno in cui ha fatto 43 fine settimana di mobilitazione democratica, con 50-60.000 persone in piazza, ragazzi e no, per una protesta che forse dovremmo fare anche noi in Italia: difendere dalla riforma Netanyahu la Corte Suprema, che nello schema istituzionale di Israele è il vertice del sistema giudiziario e ha la giurisdizione d'appello finale. Funzionando da unico vero potere di equilibrio del Governo di Gerusalemme. 43 fine settimana di mobilitazione per migliaia e migliaia di persone in cui c'era anche buona parte dell'esercito israeliano, che è anche un esercito di popolo. Quel momento è stato interrotto dal massacro del 7 ottobre, ma questa spinta democratica in Israele non dovrebbe essere archiviata oggi che cominciamo a riflettere sul Medio Oriente. In realtà ci sono molte cose di Israele che archiviamo velocemente, invece di capire bene il cambiamento avvenuto in quel Paese. Ora sotto la spinta della guerra avremo nuove dinamiche – anche se non sappiamo in che direzione. Che in Israele ci sia una dinamica interna ce lo racconta innanzitutto il partito dei genitori e delle famiglie degli ostaggi, che in questo momento in cui editiamo questo testo (quattro mesi dopo il seminario) ha ingrossato le proprie fila attraendo migliaia di persone, fino a diventare un movimento politico contro l'attuale Governo. Significativo il modo in cui nasce: un signore che aveva tutta la famiglia in ostaggio ha preso un giorno una di queste sedie di plastica molto usate in Israele e s'è messo sotto la casa di Benjamin Netanyahu con un cartello che diceva "rivoglio la mia famiglia". È stata una scintilla, qualcosa che era nel cuore delle persone, diventata la fonte di una mobilitazione permanente contro Netanyahu.

E a proposito di troppi eventi che accadono in Israele, su cui si riflette poco da noi, c'è una questione che riguarda le donne, ma che ci parla di antisemitismo. Parlo del destino delle donne stuprate e uccise durante l'attacco di Hamas, e da quel che dicono le testimonianze, anche dopo, in prigionia. L'intero capitolo è stato "negato" nella maggior parte dei Paesi occidentali. Particolarmente d'impatto è stata la posizione degli stessi movimenti femministi che ne contestano la veridicità sostenendo che le "prove" di questo stupro collettivo sono state fabbricate da Israele, e che in ogni caso queste donne sono esse stesse parte del sistema oppressivo e coloniale di Israele. Il retropensiero di questo ragionare è che, anche se tutto questo fosse accaduto, la loro sia stata "punizione meritata". Questo rifiuto della credibilità delle denunce delle donne di Israele rompe, a mio parere, la prima regola d'ingaggio fin qui applicata dal movimento sulle donne: rifiutare ogni dubbio sulla credibilità delle denunce di violenza. Ed è incredibile e pericoloso escludere da questo principio le donne violentate di qualunque razza siano, in qualunque tipo di orizzonte vedano nascere il sole. Non si possono fare distinzioni tra le vittime, perché la distinzione sdogana l'odio. Antisemitismo è odio contro i popoli in sé. Mentre, come fin qui ho provato a dire, le scelte di questa guerra, e anche le sue radici per molti versi, sono scelte politiche. Si può e si deve criticare un Governo che fa scelte dannose per la comunità propria e di tutti; si deve criticare un Governo di Israele esattamente come quello di qualunque altra Nazione. Ma altro è condannare un intero Paese, una intera popolazione. Come se si condannassero gli italiani in quanto tali, i russi in quanto russi. Non i responsabili di atti reali e decisioni concrete.

L'antisemitismo è odio, ma è soprattutto il sistema su cui si costruiscono regimi autoritari. Credo che il nostro posizionamento sull'antisemitismo debba essere forte: ricordiamo che questo è uno dei mali dell'anima che ha preparato la Seconda Guerra Mondiale. Il massacro di civili non è dunque un segno di forza ma di debolezza di Israele. Quel che è più grave è che questo atteggiamento criminale non disegna alcuna via d'uscita. Per quanto sia spesso nominata, la soluzione che tutti propongono, quella dei "due popoli, due Stati" è oggi praticamente impossibile. L'impossibilità parte anch'essa delle politiche dell'attuale Governo Netanyahu. Nel West Bank ci sono 500.000 coloni, se non addirittura 7-800.000. Questo vuol dire semplicemente che non c'è più terreno per un secondo Stato, il cui riconoscimento sarebbe la base di una prospettiva di pace. Questi coloni sono i creatori e la base politica dell'attuale Premier e della coalizione politica che lo sostiene, formata anche da partiti estremisti di destra religiosi. La guerra ad Hamas, condotta come permanente crimine di guerra, è stata scelta da questa maggioranza, che ne garantisce la continuazione. In attesa, intanto, che arrivi il cambio alla Casa Bianca.

C'è una soluzione possibile, e quale, a questo conflitto? La soluzione, vista anche l'impossibilità logistica di un secondo Stato, può essere solo precaria o, meglio, transitoria. La miccia di questa conflagrazione è stata accesa, come già detto molte volte, dagli accordi di Abramo, e soprattutto dall'adesione al riconoscimento di Israele da parte dell'Arabia Saudita. Un cambiamento d'asse in Medio Oriente che emarginava molti Paesi arabi, tra cui l'Iran, e cancellava definitivamente i diritti del popolo palestinese. Tra le cose da non dimenticare del Medio Oriente, voglio citare la estrema solitudine in cui vivono da ormai quasi un secolo i palestinesi. Abbandonati da tutto il mondo, inclusi i Paesi arabi. A partire dalla guerra di Indipendenza del '48, quando i Paesi arabi accorsi ad impedire la costituzione dello Stato di Israele rifiutarono ogni formula di compromesso. Con il risultato che persero disastrosamente il confronto militare e firmarono accordi di armistizi separati. Lasciando così i fratelli palestinesi su una parte della loro terra, e senza alcun diritto. In fondo lasciandoli a fare da deterrente passivo dello sviluppo dello Stato di Israele. Insomma, lasciati a fare da carne da cannone. I palestinesi fin dall'origine del nuovo assetto post-guerra del Medio Oriente sono stati usati come pedina del gioco geopolitico. Le esitazioni, le incertezze gli scontri fra palestinesi e altri poteri arabi hanno, infatti, accompagnato e definito la mappa politica mediorientale, e anche in queste ore di bombardamenti basta guardare alla esitante solidarietà di Egitto e Giordania, che pure sono i più vicini a questa storia. Hamas, sia chiaro, è cresciuta su questo abbandono. Negli ultimi tre anni di preparazione la parte militare è diventata più forte della parte politica, secondo analisti come Paola Caridi, che ha scritto forse il miglior saggio su questa organizzazione, *Hamas. Dalla resistenza al regime* (Feltrinelli), versione aggiornata dopo il 7 ottobre del suo classico su Hamas uscito nel 2009 (Feltrinelli). Hamas è riuscita nella sua impresa di dominare Gaza perché conosce molto bene la paura, il timore, la povertà, cioè la solitudine dei palestinesi. È un corto circuito, che ora espone questo popolo, che è il più "utilizzato" di tutti, a una forma di estinzione.

Questa affermazione non è una giustificazione di Hamas e nemmeno una esagerazione. Ad esempio, che cosa è successo in questa guerra quando sono usciti dalla galera i prigionieri palestinesi nello scambio con gli ostaggi di Israele? Il West Bank, oltre Gaza, è diventato un fiume di drappi verdi, le bandiere di Hamas. La potenziale espansione alla Cisgiordania del consenso a questo gruppo terrorista è reale e forse già compiuta. Ma è una tendenza da fermare. Il rischio è quello di consegnare i palestinesi a una situazione distruttiva finale da parte di Israele. La soluzione deve iniziare con la presa d'atto che la formula ricordata, "due popoli, due Stati", non esiste più. La base del futuro può solo nascere da una riscrittura dei rapporti di forza in Medio Oriente come saranno definiti dalla guerra in corso. Immaginabile è dunque, al momento, un forte intervento internazionale, che aiuti a riconoscere una forma di autonomia dei palestinesi, con un Governo transitorio sotto protezione della comunità internazionale, che porti a un progressivo passaggio in autonomia dei palestinesi. In questo schema l'aiuto dei Paesi arabi è dirimente, dal momento che solo loro potrebbero prendersi una parte di responsabilità della gestione economica e politica della vita degli arabi in Palestina. Sembra fantascienza ma non lo è. Il processo iniziato dall'attacco del 7 ottobre ha sostituito gli equilibri precedenti. E così come Israele dovrebbe/potrebbe trovare nuovi assetti con un nuovo Governo post Netanyahu, lo stesso dovrebbe essere per i palestinesi, dove il Governo attuale della West Bank è anch'esso una organizzazione fallita da anni, per corruzione e immobilismo.

Ci sono e quali sono indicazioni di una potenziale svolta nella guerra? Suona come un paradosso dirlo, ma finora, in questo percorso, spicca il comportamento dell'Iran. Il Paese degli ayatollah, che pure sponsorizza Hamas e ne ha coperto il massacro di israeliani, e usa spregiudicatamente la sua catena di "proxy", forze militari/terroriste alleate, dopo il 7 ottobre non ha però mai attraversato la linea rossa che l'avrebbe portato all'allargamento del conflitto. Anche in queste settimane in cui Israele ha mosso il suo attacco sempre più vicino a Teheran, con uccisioni di operativi e sedi in altri Paesi del Medio Oriente, l'Iran mantiene questa sorta di resistenza passiva. Esprimendo così la sua posizione di non farsi attirare da Israele dove Israele vuole trascinarla. Il segnale più forte di questa intenzione di non proseguire sul piano inclinato militare viene dall'attività politico-diplomatica che l'Iran ha sviluppato in Libano. Paese che è oggi di fatto il luogo che fa da retropalco alla guerra in corso. Nella capitale Beirut ci sono da mesi in corso incontri fra i Ministri degli Esteri dell'Iran e dell'Arabia Saudita che, secondo credibili fonti libanesi non smentite, hanno portato al disgelo e alla riapertura delle relazioni fra i due Paesi. È il rovesciamento di anni di guerra politica e della reazione che ha portato l'Iran a sostenere Hamas dopo la firma degli accordi di Abramo, di cui abbiamo già parlato, fra Israele e alcuni Paesi del Golfo come l'Arabia Saudita.

È paura o è calcolo questo riavvicinamento? Forse entrambe ma il calcolo è interessante da capire. Occorre andare un po' indietro per capire. Le radici del nuovo Iran si rintracciano nell'esito delle Guerre del Golfo, in particolare la prima del 1991. La sconfitta di Saddam, sunnita, e lo smantellamento di tutto il suo sistema di potere fornisce all'Iran sciita una vittoria sul suo arcinemico di decenni (la guerra tra Iran e Iraq dura tutti gli anni '80). Vittoria consegnatagli paradossalmente dal regno di Satana che sono in Iran gli Stati Uniti. Gli Usa consegnano infatti l'Iran a un Premier sciita, e l'Iran trova così la via del suo allargamento in Medio Oriente. Le guerre fra sciiti e sunniti sono religiose, ma soprattutto petrolifere. La copertura del Governo di Bagdad apre il varco all'espansione dell'Iran in Medio Oriente. Nel 2003 la Seconda guerra irachena, che si conclude in pochi mesi, viene siglata dalla impiccagione di Saddam Hussein nel 2006. Anni di turbolenza interna, una guerra civile fra sunniti e sciiti, e la nascita dalle ceneri del regime sunnita dell'organizzazione terrorista sunnita Isis, che controllerà il centro e il Nord del Paese. In questa spaccatura si allarga l'iniziativa iraniana, le sue Guardie della Rivoluzione Islamica in Iraq muovono già verso il centro e il Nord del Paese, fino a raggiungere Mosul, città simbolo per essere la capitale del Nord iracheno, non lontana da Tikrit, luogo di nascita di Saddam Hussein. Nel

2016 le guardie con bandana verde hanno ripulito l'Iraq dall'Isis, grazie al fatto che sono riuscite ad avere influenza e controllo sulle truppe sciite sia in Iraq sia in Siria, dove difenderanno poi il regime degli Hassad (alawiti, dunque parte dei sunniti) durante la guerra.

L'insediamento iraniano in Siria è di fatto il ponte con il Libano, dove da un paio di decenni è radicato Hezbollah, un partito religioso fattosi anche società civile proprio nel Paese dei cedri. Il legame con Hezbollah è l'affaccio dell'Iran sul Mediterraneo, tornato ormai al centro del gioco politico fra conflitti fra Est e Ovest e Nord/Sud, fra Europa e Africa. È uno straordinario passaggio strategico costruito in molto tempo e la cui perdita non vale una guerra aperta con Israele. La stessa rappacificazione con l'Arabia Saudita è avvenuta proprio perché Riyad ha perso la carta degli accordi di Abramo. Questo giro di accordi e ruoli fa capire come questo conflitto stia producendo nuovi equilibri in Medio Oriente, sulla base anche dell'impatto della guerra in Ucraina. Che spiega, peraltro, l'allineamento dell'Iran con Mosca. Insomma, l'Iran ha costruito per anni un'operazione politica, e un'operazione militare, vasta. Che un regime in crisi, come si è visto dalle ultime elezioni politiche iraniane, non può permettersi di rompere. E finché c'è in Medio Oriente un interesse a non dare fuoco al mondo, ma a controllarlo, c'è sempre une leva contro l'incendio del mondo. A nessuno di voi sfugge che Iraq, Iran e Arabia Saudita sono i tre grandi Paesi del petrolio. Che la pace dipenda anche dai loro assetti è per certi versi lo smantellamento di molti desideri che avevamo per questo nuovo secolo.

PADRE IYAD TWAL*

Rivolgo un saluto dalla Terra Santa a tutti voi e vi ringrazio per aver dato la possibilità di parlare sul tema della pace. Come sapete stiamo vivendo qui una fase piena di violenza, di traumi, di quelle differenze che non sono mai state accettate, delle ferite, dolore, frustrazione e rabbia da tutto il mondo. Questa nostra Terra Santa è un luogo che è causa continua di guerre e divisioni, e purtroppo non posso farvi vedere una foto, ma volevo dirvi che, per esempio, nella cappella dell'Università di Betlehem, la cappella si chiama "Gesù Bambino", ci sono dei disegni dell'artista francese Robert Lab che mostrano tutti i bambini martiri nella storia cristiana. Purtroppo, abbiamo aggiunto una lunga lista di bambini uccisi a Gaza e questa lista non finirà presto. La realtà è molto dolorosa, triste e malvagia: l'umanità viene uccisa in questa terra, a Gaza. Il cardinale Martini ha vissuto alla fine della sua vita qui, a Gerusalemme, e lui disse che il giorno in cui la pace fosse arrivata a Gerusalemme avrebbe raggiunto tutto il mondo. Pure semplificando la realtà e la sua complessità, bisogna vedere le crisi che esistono dietro questi eventi attuali. In primo luogo, penso che il fallimento della costruzione dello Stato palestinese e l'aumento dell'estremismo religioso e politico da entrambe le parti abbiano portato a questa nuova guerra. In secondo luogo, la debolezza della leadership politica e le sue divisioni su entrambi i lati, israeliano e palestinese, e la mancanza di una visione unitaria all'interno delle società israeliane e

* Sacerdote del Patriarcato Latino di Gerusalemme, vicerettore e docente di Filosofia presso l'Università di Betlemme.

palestinesi per il futuro è diventato un elemento molto forte in una guerra che non so se definire etnica o religiosa. In terzo luogo, in un Medio Oriente così instabile appare chiaramente la questione di chi dominerà nella regione. Tutti sfruttano, infatti, l'occupazione della Palestina come un punto o una carta in gioco. Non è facile ma, secondo me, guardando il passato e tutte le tentate politiche bisogna uscire dal dilemma di questo gioco che vuole arrivare a dire chi è il cattivo o chi è il buono di sempre. Facciamo così, cerchiamo di sentirci bene nel dire "questo è cattivo e l'altro no" o decidere se io ero pro-Israele o pro-Palestina; bisogna lasciare questo gioco degli interessi personali, pure dei *leaders* o di un partito politico, o della stessa religione, perché tutta questa vita umana viene massacrata davanti ai nostri occhi e perché la dignità umana è più grande. Perché tutti noi vogliamo la pace. Non significa una tregua lunga, né che una parte abbia il diritto di controllare un'altra parte, né che un'etnia sia più preziosa di un'altra o l'amore di un popolo per questa terra sia un amore possessivo che esclude tutti gli altri. Non è un sogno impossibile. Adesso siamo nel mezzo della guerra, però basta crederci davvero con il coraggio in cuore e la voglia di realizzare questa pace: è possibile quando tutti noi lavoriamo realmente, tutti con giustizia ed eguaglianza dei diritti per tutti noi. Vi ringrazio per averci dato questa possibilità.

ELDA BAGGIO[*]

Credo tutti sappiate cos'è Medici Senza Frontiere (MSF), e comunque per quei pochissimi che non lo sapessero MSF nasce nel 1971 da un'esperienza di giornalisti e medici in Biafra e ha tra i suoi pilastri – il che condiziona ovviamente anche quello che andremo a dire – l'indipendenza, la neutralità e l'imparzialità rispetto ai conflitti a cui prende parte, nel tentativo di sollevare i feriti dei conflitti stessi. Dunque, Medici Senza Frontiere lavora in Palestina dal 1989. Io sono una chirurga di formazione, sono stata in Palestina, a Gaza, nel 2018 quando c'è stata quella che è conosciuta come "la marcia del ritorno", quando i giovani correvano verso il reticolato di confine lanciando sassi. Un altro momento difficile nella storia di Gaza, non certo come quello che si sta vivendo adesso, ma comunque anche quello abbastanza complesso da un punto di vista sanitario.

Come abbiamo visto, la situazione da un punto di vista umanitario e politico è notevolmente complessa, ma non lo è meno da un punto di vista sanitario. Intanto perché nella parte nord della striscia i grandi ospedali di Gaza – ad esempio l'Al Shifa, quello dei tunnel sotterranei di cui tanto si è parlato – sono praticamente inutilizzabili perché sono stati all'inizio privati della cosa più importante, che è l'energia. La conseguenza è che si lavorava praticamente al buio. Successivamente l'attività è stata resa via via più difficile dal fatto che Medici Senza Frontiere ha dovuto ritirare la propria équipe internazionale per obbedire all'ordine di evacuazione. Ha, cioè, dovuto ritirare il personale

[*] Medico-chirurgo, Vicepresidente di Medici Senza Frontiere.

costituito dagli espatriati. È rimasto il nostro personale palestinese, il cosiddetto staff locale, assunto da Medici Senza Frontiere e costituito da 300 figure sanitarie tra medici e infermieri rimasti a lavorare nei vari ospedali fino a quando hanno potuto; tale personale si è progressivamente ridotto perché gli ospedali sono stati tutti bombardati. Lo sappiamo tutti che gli ospedali non si bombardano, lo sappiamo tutti che anche la guerra ha delle regole, quello che non riusciamo a spiegare è perché le regole non si rispettino. È un compito politico spiegare perché le regole di rispetto delle strutture e del personale sanitario non si rispettino, e soprattutto perché non si sanzionino coloro che non le rispettano. Ricordiamo che le guerre nel mondo non sono ovviamente solo l'Ucraina e Gaza, ma sono molte di più.

A Gaza quando è stato possibile si è cercato di spostare i feriti, ma anche questo è stato molto difficile e spesso reso impossibile dalla situazione. Teniamo presente che nel momento in cui sono stati dati gli ordini di evacuare gli ospedali, sempre per le famose leggi umanitarie, chi ha dato l'ordine doveva di fatto proteggere quelli che andavano evacuati, ma nella realtà dei fatti per evacuare un ferito bisogna avere un posto dove portarlo, ed è chi dà l'ordine di evacuare che dovrebbe trovare un luogo alternativo. Questo non è avvenuto, per cui c'è stato un grande "buco umanitario" e moltissima gente è morta perché non c'era un posto sicuro dove ripararla.

È morta per l'assenza di elettricità, problema non nuovo, perché l'elettricità, anche prima di questa guerra, a Gaza c'era solo per quattro ore al giorno. Quindi l'elettricità negli ospedali era legata alla presenza di generatori che hanno bisogno del gasolio, e dunque l'assenza di gasolio condizionava l'assenza di elettricità e l'assenza di elettricità condizionava l'attività di assistenza. Le incubatrici, ad esempio: quella dei bambini prematuri messi uno vicino all'altro per "scaldarsi" è un'immagine emotiva che ha fatto inorridire il mondo, e però è solo l'apice di una piramide sotterranea tipo iceberg, non visibile, ma estremamente importante di feriti che non potevano essere trattati per carenza anche di anestetici. Il nord della striscia di Gaza alla fine è rimasto praticamente con pochissime strutture in grado di fare solo cose molto piccole, non certo interventi chirurgici per i quali servono gli operatori sanitari, ma anche la tecnologia, in particolare l'elettricità e apparecchiature che funzionano.

Due medici di MSF sono morti all'interno dell'ospedale Al-Awda, ospedale dove anch'io ho lavorato, durante un bombardamento che ha colpito il terzo e il quarto piano. Ha fatto il giro del mondo l'immagine della lavagna della sala operatoria in cui prima di morire hanno scritto: «ricordatevi di noi, che abbiamo fatto quello che abbiamo potuto», esplicitando così il loro dramma. Questo era il nord della Striscia, intanto Medici Senza Frontiere con alcuni operatori umanitari era riuscita a rientrare dal valico di Rafah e si era posizionata nel sud della Striscia con un'equipe chirurgica che operava al Nasser Hospital e in un ospedale più piccolo dove venivano fatte medicazioni e piccola chirurgia. Medici Senza Frontiere forniva anche supporto all'ospedale dei Martiri. Da quando le forze israeliane hanno suddiviso il sud della striscia in quadrati "sicuri" e quadrati "non sicuri", ci è stato detto che la clinica dei Martiri deve smobilitare, quindi, evidentemente, è nel "quadratino" sbagliato della suddivisione. Quindi questi due posti che non fanno chirurgia ma medicazioni, che sono moltissime, e piccola chirurgia, devono essere smobilitati. Ma in questi ospedali si curano anche le gastroenteriti dei bambini che secondo l'OMS sono aumentate del 45%, perché in ogni luogo l'assenza di malattie è in parte legata all'accesso all'acqua pulita e questo a Gaza in questo momento è difficile. Abbiamo visto nei notiziari le immagini di tubature rotte e questo comporta tanto un difficile accesso all'acqua quanto un malfunzionamento delle fognature, e le epidemie sono dietro l'angolo sia perché le fognature non funzionano, sia perché i luoghi di rifugio più o meno sicuri sono sovraffollati.

Noi non pensiamo mai al problema dei bagni, ma quando c'è un bagno per 1.000 o 2.000 persone si intuiscono molto facilmente le difficoltà di mantenere un'area igienica. Abbiamo inoltre il problema di moltissimi corpi ancora insepolti sotto le costruzioni bombardate, e tutto questo è foriero, accanto all'assenza di possibilità di trattamento chirurgico-medico, di epidemie. Primo fra tutti il rischio di colera: ricorderete che il colera ha funestato Haiti, ha funestato i luoghi dei grandi terremoti, come nell'Iran molti anni fa e come è stato in Nepal, e così via.

In questo contesto rimane insoluto il problema dei malati cronici, malati che hanno un infarto, diabetici che non trovano i farmaci perché il valico di Rafah lascia passare pochissimi aiuti umanitari, soprattutto se rapportati alla quantità che passava prima del 7 ottobre. Anche se in questi giorni vi è una tregua, una cosa che non dobbiamo dimenticare è che Gaza è un grande campo profughi, è il più vecchio e più grande campo profughi del mondo. Tutto ciò che si usa all'interno di Gaza viene da fuori e normalmente in epoca precedente il 7 ottobre passavano dai 400 ai 500 camion di aiuto al giorno, una cifra enorme. E tutto questo a spese della collettività mondiale, perché la Palestina, gli abitanti della Palestina e il loro sostentamento sono a carico dell'UNRWA (United Nations Relief and Works Agency for Palestine Refugees in the Near East), l'Agenzia delle Nazioni Unite per il soccorso dei profughi palestinesi. L'UNRWA è molto attiva, e i loro, almeno per adesso, sono considerati luoghi "sicuri", anche se alcune scuole sono già state bombardate. A oggi, come Medici Senza Frontiere siamo riusciti a consegnare alcuni carichi di materiale sanitario che sono stati dati alla Mezzaluna Rossa per la loro distribuzione. La situazione è comunque difficile e siamo assolutamente carenti di materiale, per adesso le scorte sono sufficienti solo per alcuni giorni e dopo vedremo come andrà a finire.

Non saprei cos'altro dire: da un punto di vista sanitario è una catastrofe difficile da immaginare.

GIUSEPPE PROVENZANO*

Ho ascoltato cose molto interessanti, forse non ne aggiungerò altre, però una cosa voglio dirla: la pace non è solo la ragione esistenziale dell'Europa, come ha ricordato Romano Prodi, e della democrazia, come ha ricordato Mario Giro. La pace è in questo momento la priorità politica per tutti noi. Ecco perché abbiamo bisogno di una politica che torni a pensare, come oggi. Ma abbiamo anche bisogno di una politica che torni a sporcarsi le scarpe e andare in giro a praticare il dialogo, il confronto, l'intesa: il compromesso. Nei prossimi giorni sarò in Israele e nei territori occupati, avremo incontri al più alto livello, con il Presidente di Israele, con il Premier palestinese, con il Patriarca latino di Gerusalemme, ma anche con la società civile israeliana e palestinese, con le famiglie degli ostaggi e con le vittime dei soprusi dei coloni, con gli operatori internazionali che vivono lì. E incontreremo ovviamente le forze politiche progressiste e democratiche israeliane e palestinesi, perché mai come in questo momento noi abbiamo bisogno di credere nella politica.

Vorrei dire anche qualcosa sulla necessità di riappropriarci della parola 'pace'. Se vogliamo davvero nuovamente farla nostra, dobbiamo dirci la verità. Dopo lo scoppio della guerra in Ucraina, c'è stata una difficoltà, persino una certa freddezza, in tutta Europa, nel pronunciare questo termine. Una freddezza che paradossalmente ha coinvolto anche il mondo democratico e progressista. Mi sono inter-

* Deputato e responsabile Esteri del Partito Democratico.

rogato a lungo sul perché di questa difficoltà, e credo sia il frutto di due atteggiamenti sbagliati. Da un lato c'è stata un'inaccettabile criminalizzazione nei confronti dei pacifisti autentici, ad esempio di coloro che sono contro le armi sempre e comunque, e che dunque erano anche contro l'invio di armi in Ucraina: è una posizione che io non condivido, noi ne abbiamo tenuta un'altra, ma che meritava dialogo, rispetto, confronto, e non l'accusa di putinismo. D'altra parte, però, c'è stato anche qualcosa di peggio, non possiamo non dircelo e non considerarlo. La parola 'pace' negli ultimi mesi è stata confiscata da una minoranza che ha deciso di piegarla a narrazioni ambigue sulle ragioni della guerra imperialista di Putin, ambiguità che arrivavano a negare persino il diritto degli ucraini a difendersi e a resistere.

Personalmente sono stato a Kiev, come alcuni di voi, e quando arrivi lì capisci subito una cosa: se nei palazzi del Governo ucraino non sventola la "bandiera nera" – non rossa, nera – della Russia di Putin non è perché c'era la Nato, ma perché c'è stata la resistenza di un popolo in armi che si è levato contro l'invasore. E non con un desiderio di guerra, ma con l'urgenza di resistere. Non è la guerra, ma è la pace il primo desiderio degli ucraini. E però conoscono la differenza tra una pace e una resa alla sopraffazione. Hanno conosciuto in questi mesi molte rinunce, ma a una cosa non possono rinunciare: alla libertà. E la libertà per loro è sottrarsi a una vita sotto il regime di Putin. Non sono in gioco chilometri di terreno, come spesso viene detto nei talk televisivi, con qualche grado di separazione da quella tragedia. No, è in gioco un'idea di vita. Vorrei ricordare che, quando un pezzo di società occidentale, negli scorsi anni, subiva la fascinazione di Putin, della sua ideologia reazionaria e delle sue pratiche illiberali, c'era una generazione a Kiev che, invece, cercava una via per costruire libertà e democrazia, per cui avevano provato a fare una rivoluzione. Lo ricordo perché su questo tema abbiamo bisogno di fare ancora chiarezza tra di noi. Credo sia mancata una discussione vera, profonda. A partire dal fatto che il 24 febbraio del 2022 ci ha colto tutti di sorpresa. Perché quella sorpresa? Abbiamo vissuto tutti l'invasione come un grande anacronismo: i carri armati, le stragi, sul suolo europeo. È come se ci fossimo svegliati un po' storditi da un lungo sonno, frutto di una mancata capacità di guardare al mondo. Perché a ben vedere la guerra non era un anacronismo, era contemporanea al nostro mondo. C'era altrove, l'ONU conta una cinquantina di conflitti "tradizionali" aperti. E c'era anche lì, dal 2014.

E allora, se una lezione c'è stata, il 24 febbraio del 2022, è che quel giorno abbiamo visto crollare drammaticamente l'illusione di poter affidare le relazioni internazionali all'economia e al commercio rimuovendo la politica. Quel giorno abbiamo appreso che perseguire solo gli interessi non assicura né pace né sicurezza, che le ideologie hanno un peso nella storia che non si può cancellare: specialmente le ideologie più nefaste, come il nazionalismo, un vento che torna a tormentare il mondo e che ha visto nella Russia di Putin uno dei poli da cui ha soffiato più forte. Questo non significa soltanto, come ci è capitato di dire, che «i McDonald's non possono sostituire la politica», ma anche qualcosa di molto più concreto: l'idea che bastasse fare affari con Putin per garantirsi la stabilità, e che gli affari fossero l'unica vera preoccupazione dell'Europa, si è capovolta nel suo contrario, e cioè nell'idea che l'Europa non avrebbe reagito a un'invasione alle sue porte. Ma su questa rappresentazione ha pesato anche altro, non dobbiamo dimenticarlo: mi riferisco a quella fuga caotica e vigliacca dall'Afghanistan. Un Afghanistan in cui ancora si sta combattendo clandestinamente una resistenza, specie delle nuove generazioni, in particolare delle donne, al regime dei talebani. Quella stessa resistenza che in maniera assai più forte e cruenta si sta combattendo in Iran, con lo straordinario movimento

"Donna, Vita e Libertà" che in patria e all'estero cerca una via propria al rispetto dei diritti umani e alla democrazia. Questo lo dico perché la battaglia per la libertà e la democrazia, intorno a noi, non dobbiamo darla troppo per persa.

Oggi la parola 'pace' torna di prepotente attualità. E questo è un punto, secondo me, cruciale. La guerra a Gaza, dopo il massacro di Hamas del 7 ottobre, con la reazione sproporzionata di Israele che sta causando un numero inaccettabile di vittime e una catastrofe umanitaria, ha reso evidente a tutta la comunità internazionale che la pace, solo la pace, è l'unica via possibile per garantire il diritto a esistere di israeliani e palestinesi. Anche perché la vera divisione che è emersa dal 7 ottobre, in Terra Santa e in quell'area, è tra le vittime innocenti da entrambe le parti di un conflitto che avevamo colpevolmente rimosso e coloro che, a Gaza con il terrorismo di Hamas e in Israele con l'estrema destra di Netanyahu e le altre leadership politiche estremiste e fanatiche, hanno scelto di voler governare la guerra. Noi abbiamo usato parole chiare, in tutte queste settimane, in Parlamento: abbiamo detto da subito che il terrorismo di Hamas non si poteva battere solo con la forza, da esercitare comunque nell'alveo di un diritto internazionale che invece il Governo israeliano sta violando. Abbiamo detto, citando Rabin, che per battere il terrorismo serviva anzitutto l'intelligenza politica di isolarlo, di separare Hamas dalla questione palestinese, di cui tornare a farsi carico. E che da questo punto di vista l'assedio, l'invasione di Gaza, oltre all'apocalisse umanitaria da denunciare, era un drammatico errore politico. Perché il confine tra diritto e giustizia e vendetta, tra diritto a difendersi e punizioni collettive, è un confine che non può essere mai valicato. E dunque, come ferma e inequivocabile è stata la condanna all'attacco terroristico di Hamas e alla sua folle ideologia di morte, altrettanto ferma e inequivocabile deve essere la condanna per le violazioni del diritto internazionale umanitario, per le migliaia di vittime civili di bambini sotto i bombardamenti e per il milione di sfollati a rischio di fame e malattie.

C'è una ragione per cui noi, europei, insieme alla richiesta di un cessate il fuoco – a cui vogliamo spingere il Governo italiano, che sta venendo meno alla tradizione e alla vocazione diplomatica dell'Italia –, insieme all'appello alla pace, dobbiamo pronunciare parole chiare. È una ragione molto semplice. Sul Medio Oriente si gioca una partita fondamentale per la nostra stessa credibilità di fronte al mondo. Noi non possiamo più permetterci doppie morali, doppi standard sul diritto, anche per preservare la credibilità di quel sostegno all'Ucraina che, nella prospettiva democratica e progressista, non discende da astratti vincoli o considerazioni geopolitiche o dalla mera appartenenza a un'alleanza militare, ma dalla difesa della libertà dei popoli assicurata dal diritto internazionale contro la sopraffazione e la violenza. Insomma, se vogliamo che il diritto internazionale valga in Ucraina allora dobbiamo dire senza timidezze che deve valere anche a Gaza. Attenzione, proprio la narrazione parziale del nostro posizionamento sull'Ucraina, come se discendesse da una riedizione dello scontro tra blocchi e non dalla volontà di preservare un ordine internazionale basato sul diritto, ha prodotto una divisione tra l'Occidente e un resto del mondo che ci rimprovera una scarsa credibilità. Un posizionamento sbagliato sul Medio Oriente potrebbe rendere definitiva la frattura *The West vs. The Rest*, perché ha ragione Lucia Annunziata: quel conflitto va inserito in un contesto più ampio, che è quello del conflitto con il mondo arabo, e ancor più, quello di un vero e proprio "caos globale" che ci circonda. Ecco perché bisogna tornare alla politica, come stiamo facendo oggi con questa discussione, e considerare la pace come il primo e vero imperativo politico. Noi continuiamo a proporre la soluzione dei "due popoli, due Stati". È stato detto da Mario Giro, da Lucia Annunziata, in maniera molto franca, quanto difficile, quanto lontana oggi appaia questa prospettiva. Ma lasciatemi dire con altrettanta franchezza che qualsiasi altra prospettiva è sicuramente peggiore. E che, quando parliamo di "due popoli, due Stati" dobbiamo sempre ricordarci che uno Stato ancora non c'è e che il riconoscimento dello Stato palestinese, per cui noi ci battiamo fin dal 2015, e che oggi dobbiamo rilanciare in una dimensione europea, può rappresentare la vera spinta alla ripresa di un processo di pace, per preservare una prospettiva che sempre più esplicitamente il Governo israeliano nega, rivendicando di averla fin qui impedita.

Basta questo? No, non basta. Noi sappiamo che la pace, per essere vera, duratura, devono farla i popoli. Noi sappiamo che il crimine di Hamas ha avuto delle conseguenze profonde sulla società israeliana, anche perché ha colpito la componente più progressista, persino pacifista. Sappiamo che i palestinesi in Cisgiordania vedono nella reazione di Netanyahu non la guerra al terrorismo, ma la guerra alla Palestina. Certo, la società israeliana non è tutta Netanyahu, così come la società palestinese non è Hamas. È importante incontrare e discutere con coloro che immaginano un futuro diverso da questo orribile presente. Ma non è facile costruire laggiù, oggi, il dialogo. Per questo la comunità internazionale, a trent'anni da Oslo, ha una responsabilità in più. Per essere credibile questa parola, 'pace', deve trasformarsi in una proposta politica.

La proposta politica noi l'abbiamo avanzata fin dalle prime settimane, la tradurremo a breve in una mozione parlamentare, per aprire una discussione con un Governo che sul Medio Oriente gioca a nascondersi. A Gaza serve una missione internazionale di pace, una forza di interposizione che coinvolga anche i Paesi arabi che possono e devono svolgere un ruolo nella ricostruzione della Striscia. Ho letto sull'«Osservatore Romano» un'intervista importantissima all'ex Premier di Israele Olmert, che apre a questa soluzione e richiama proprio la responsabilità del mondo arabo nel garantire la tregua e la ripresa di un processo di pace. La cornice politica non può essere quella di una conferenza internazionale di cui l'Europa deve provare a farsi carico. È una proposta nata nel PSE, avanzata da Sanchez, da noi e da alcuni altri. Come progressisti e democratici dovremmo spingere con grande determinazione sul punto.

Concludo con una riflessione che riguarda in realtà anche noi, il nostro ruolo nel mondo. Mi sono reso conto, anche nel corso di questi pochi mesi di esperienza da responsabile Esteri, che mai come oggi l'idea di democrazia che richiamiamo già dal nostro nome, Partito Democratico, è così attuale. Perché la democrazia è minacciata non solo sul piano esterno, è minacciata sul piano interno, e questa minaccia interna è ciò che ci deve suggerire di astenerci da ogni retorica di scontro tra civiltà: perché il conflitto tra democrazia e autoritarismo lo viviamo nella stessa Europa. Ecco perché dobbiamo sottrarci a questa nostalgia di guerra fredda che riaffiora, l'idea che il destino del mondo sia deciso soltanto dallo scontro tra due grandi potenze (ieri USA e URSS, oggi USA e Cina). È una missione propria dell'Europa, che nasce per questo, per sperimentare un multilateralismo nuovo in grado di affrontare i problemi del mondo. Tra questi, c'è appunto il futuro della democrazia. Ora che abbiamo drammaticamente appreso la lezione degli errori commessi dopo l'11 settembre 2001, e cioè che la democrazia non si può esportare con le armi, allora non ci resta altra strada: la democrazia va testimoniata, praticata, e bisogna essere molto più coerenti di come siamo stati nel praticarla.

Credo che la pratica della democrazia debba estendersi anche alle relazioni internazionali, in una logica non escludente. Democratizzare le relazioni internazionali significa inevitabilmente riconoscere anche nuove geografie di potere, cercare nuovi equilibri. Penso davvero che l'incontro di oggi fornirà contributi preziosi al lavoro di tutti noi. Dobbiamo anche metterci in discussione per darci le coordinate con cui muoverci nel tempo presente. C'è un mondo che sta andando in direzioni diverse, e non sono quelle che necessariamente si piegano agli schemi usati. Ci sono grandi Paesi, come l'India e il Brasile, che non accetteranno mai di pensarsi in una nuova guerra fredda. Attenzione a non essere noi a costruire, per contrarietà, il cosiddetto Global South. Se guardiamo con attenzione alle dinamiche globali, potremmo persino accorgerci che l'Europa, un'Europa in grado di darsi una sua autonomia strategica, potrebbe avere nuove opportunità e *chances*. E un impegno sulla pace in Medio Oriente può essere l'occasione per provare a ricostruire un ordine internazionale basato su regole condivise. Anche noi, la nostra piccola Italia, le forze progressiste, possiamo fare la nostra parte. Fare la nostra parte, e non mettere le brache al mondo, in fondo è il vero esercizio di democrazia di cui abbiamo bisogno per costruire la pace. Fare la nostra parte è il compito di noi democratici. Oggi la stiamo facendo.

LORENZO GUERINI*

Oggi è l'occasione per confrontarci, discutere, ascoltarci su un tema come quello della pace che, naturalmente, ha il suo contraltare nel tema della guerra. Una questione che attraversa le nostre coscienze, individuali e collettive, la coscienza della comunità alle quale apparteniamo, e che ci porta a vivere anche le nostre contraddizioni. Non dobbiamo aver paura delle nostre contraddizioni perché credo che abbiano un ruolo importante di trattenimento, un'attitudine che ciascuno di noi deve sperimentare. Inoltre, ci dà la possibilità di confrontarci in una fase in cui anche su questa questione si parla, ma non si discute, si afferma, ma non si ascolta. Si pronunciano le proprie verità assolute, ma senza mettersi in un atteggiamento di comprensione, anche in un quadro di valutazioni che possono avere segni diversi. Come è risultato evidente durante le responsabilità che ho avuto e che ho ancora adesso (e quelle di adesso mi consentono di essere ancora più incline), ho una naturale vocazione a parlare poco, ma vedo che è abitudine diffusa invece parlare tanto. Un pezzo dei nostri problemi nasce anche da lì, da un dibattito che non è maturo, non è serio, che divide.

È profondamente sbagliato dividere, penso alle nostre comunità, alla nostra opinione pubblica, su questioni così cruciali, così importanti. Invece, affermiamo tutti verità e assegniamo patenti ad altri che non andrebbero assegnate. Nei giorni scorsi ho partecipato con Andrea Riccardi a un

---

* Deputato e Presidente del COPASIR (Comitato parlamentare per la sicurezza della Repubblica).

dibattito, sempre su questi temi, organizzato dall'Associazione "I Popolari" di Pier Luigi Castagnetti. Ci conosciamo da anni e muoviamo la nostra discussione da punti di partenza parzialmente differenti, ma non mi sognerei mai di affermare che Andrea Riccardi o altri, per il fatto di sostenere posizioni anche in parte diverse dalla mia, siano automaticamente arruolati tra le fila degli amici di Putin. Così come penso non sia giusto assegnare un ruolo o una posizione da guerrafondaio o simili a chi ha assunto decisioni in funzione delle proprie responsabilità e in rappresentanza del Paese, anche in coerenza con un quadro di organizzazioni e di alleanze di riferimento. Sono due anni, invece, che il nostro dibattito si muove su questi binari. Una discussione pubblica che chiama in causa una responsabilità che riguarda noi impegnati in politica, che riguarda certamente il mondo dell'informazione e che ha poi un versante veramente preoccupante e pericoloso per come avviene sui social, sui quali si ha plasticamente la rappresentazione di opinioni pubbliche occidentali che su questioni di questo tipo vengono completamente divise in due, e in cui non si trova un terreno comune di confronto e di comprensione reciproca. Riprendo, perché credo sia importante proprio nella nostra discussione pubblica, il tema della contraddizione che viviamo tra le decisioni che dobbiamo assumere e i valori in cui crediamo, e che necessitano quotidianamente di essere verificati e che vanno visti alla luce delle responsabilità che dobbiamo avere all'interno di quel dibattito. Anche le relazioni internazionali sono il luogo delle contraddizioni e quando noi immaginiamo o vorremmo che il mondo fosse diverso facciamo un esercizio che rischia di non essere utile, se non tiene conto delle possibili contraddizioni anche tra valori e principi che si confrontano tra di loro. Non è facile stabilire una gerarchia, stabilire che il valore della pace è più importante del valore della giustizia, il valore della verità è meno importante o più importante del valore della pace. Occorre tenere insieme tutti questi temi sfidanti. Non entro nello specifico della questione israeliana – è stata spiegata benissimo –, neanche nella questione Ucraina. Le mie posizioni sono abbastanza conosciute: il sostegno all'Ucraina è doveroso, sosteniamo un Paese aggredito da chi vuole tornare alla logica della potenza, all'uso della forza per imporre la propria volontà. Intendo invece proporre un ragionamento più legato alla cultura politica: mettere in discussione, mettere in relazione questi valori, confrontarli tra loro, accettare il luogo della contraddizione e il ruolo anche della relativizzazione.

Esiste una giustizia assoluta? Ho riletto di recente il libro di Hans Kelsen, *Che cos'è la giustizia?*. Vi ho trovato una affermazione che ho trasformato in una domanda a cui non ho dato risposta: «Alla fine non c'è una giustizia assoluta perché anche la giustizia è relativa, così come non c'è una verità assoluta perché anche la verità può essere relativa». È un tema che ci interroga, che ci dice che il valore della rinuncia è un mezzo per raggiungere ciò che è possibile raggiungere dal punto di vista della giustizia, della verità, della pace, che il valore del compromesso non è una sconfitta. Qualcuno imitava il mio accento lombardo: «Adesso parla Guerini e ci dice che facciamo un compromesso». Devo dire che anche l'accettazione del tema del compromesso è una difficoltà che ci siamo creati noi, persino nel racconto dei processi politici. Il compromesso è qualcosa che non ci piace, qualcosa che è sporco, ci piace di più pensare che tutto sia bianco o nero. E invece esistono molte sfumature del grigio. Lucia Annunziata ci ha detto alcune cose, da questo punto di vista, rispetto a come immagina si possa uscire dalla crisi che in questo momento sta investendo drammaticamente Gaza e Israele. Anche in questo caso una soluzione non può essere immaginata se non muovendo da Paesi che vogliono e possono o debbono assumersi la responsabilità nel trovare una zona del compromesso. E questo è ancora più necessario nel mondo in cui ci troviamo.

Oggi siamo immersi in un disordine globale che non è figlio di alcuni eventi imprevedibili, ma semplicemente di un mondo profondamente modificato, di attori nuovi, della difficoltà dei vecchi attori e della costruzione della impostazione normativa internazionale, anche delle istituzioni internazionali, che è figlia di una fase che sta alle nostre spalle e quindi risulta inefficace in un mondo molto cambiato. Dentro tutte queste crisi, credo che non possiamo non vedere che c'è la crisi delle organizzazioni del multilateralismo, che le stesse Nazioni Unite sono il simulacro di quello che immaginavamo. Coloro i quali diedero vita alle Nazioni Unite ora vedono la loro impotenza nelle maggiori crisi, paralizzate dal potere di veto ma anche dalla volontà di regolare fatti utilizzando concetti giuridici. Il punto è che, se c'è una discrepanza tra i fatti e i concetti giuridici, l'architettura va in difficoltà. Oggi noi siamo dentro a questo quadro, e se immaginiamo di tornare al passato sostituendo semplicemente uno dei fattori, immaginando che il mondo venga chiuso dentro un meccanismo bipolare da guerra fredda, non stiamo capendo qual è il mondo che abbiamo di fronte a noi. Perché non siamo in una "guerra fredda", ma in quella che si può definire una "guerra tiepida", un concetto che va considerato non in senso limitativo. Siamo, infatti, in presenza di guerre che rischiano di essere "eterne" per tante ragioni: se si guarda all'Ucraina, si fa fatica a immaginare una prospettiva, perché quella guerra non ha un elemento risolutivo dal punto di vista militare, in ragione del fatto che è combattuta con *caveat* impliciti, non esistenti per buona volontà, ma per necessità. *Caveat* impliciti che riguardano l'uso completo dello strumento militare da parte russa (va ricordata la loro potenza nucleare) e anche le forme, le modalità e la sostanza dell'assistenza in termini di equipaggiamenti militari che l'Occidente sta inviando. Non si tratta di un problema di scorte, è soprattutto una questione di volontà politica, in positivo o in negativo. *Caveat* che stanno producendo una guerra ad alta intensità in termini di vittime, ma che essendo una guerra di attrito rischia di protrarsi per un tempo molto lungo. Lunghezza dei tempi che rischia di favorire il calcolo utilitaristico di Putin rispetto alle elezioni americane. Tempi lunghi che non devono però essere la giustificazione per dimenticarci di questa guerra voluta da Putin o per ritenerci in diritto di essere stanchi di sostenere l'Ucraina. Riprendo però il ragionamento generale. Se pensiamo di tornare allo schema precedente, sostituendo a un attore, la Russia, un altro attore, la Cina, e rientrare in una guerra fredda i cui poli diventano gli Stati Uniti, l'Occidente e la Cina, stiamo immaginando un mondo che non esiste. Certo, la competizione strategica con la Cina sarà la questione fondamentale per quanto riguarda gli Stati Uniti, ma quello schema non include un modello accettato. Da un lato perché cosa sarà la Russia, un Paese che ha 6.500 testate atomiche, nelle relazioni internazionali dopo questa vicenda è una grande questione, dall'altro perché altrettanto grande è la questione di come influirà l'India, di che ruolo vorranno svolgere i Paesi arabi, di cosa sarà l'Africa con un miliardo e mezzo di abitanti oggi e due miliardi e mezzo nel 2050. In tutto questo l'Unione Europea nel suo complesso ha 450 milioni di abitanti; la Nigeria, un solo Paese, nel 2050 avrà 400 milioni di abitanti. Immaginate che tutto questo "altro mondo" possa accettare di essere incluso in questo "nuovo" schema bipolare, o che l'organizzazione dei principi giuridici che noi abbiamo costruito in questi anni sia in grado di governare ancora questi processi? Ritengo di no, e penso che, se noi vogliamo dare alla parola 'pace' una prospettiva, dobbiamo ragionare in termini inediti su cosa sarà l'ordine internazionale e su quali saranno i concetti giuridici alla base della costruzione di istituzioni riconosciute che potranno essere efficaci per affrontare le crisi e per trovare nelle crisi un luogo di compensazione riconosciuto utile per la loro risoluzione. Allora c'è bisogno di intelligenza, c'è bisogno di coscienza, c'è bisogno di coraggio, c'è bisogno di visione e c'è bisogno soprattutto di non essere legati a schemi confortevoli per noi dal punto di vista delle nostre sicurezze, ma che rischiano di essere inefficaci a rappresentare il mondo com'è oggi e soprattutto come sarà domani.

GIACOMO GAMBASSI*

Sono qui per raccontare la mia esperienza di inviato del quotidiano «Avvenire» nell'Ucraina sotto le bombe, dove ho trascorso oltre sei mesi dall'inizio dell'aggressione russa. Parto con una constatazione: se adesso fossimo stati a Kiev o a Kharkiv, questo incontro sarebbe già terminato. Infatti, l'app che in Ucraina tutti hanno sul cellulare, anche noi giornalisti, che segnala eventuali attacchi russi ha annunciato un'ora fa un allarme missilistico. E quando ciò avviene, ogni raduno pubblico deve cessare: ad esempio, a teatro lo spettacolo si blocca, oppure vengono chiusi tutti i centri commerciali. Da aggiungere che un incontro come questo si sarebbe potuto tenere a Kiev soltanto se ci fosse stato un rifugio capace di contenere tutte le persone presenti; mentre se fossimo stati a Kharkiv, la seconda città dell'Ucraina, un evento con qualche centinaio di persone in sala sarebbe stato vietato. Per disposizioni delle autorità locali e per ragioni di sicurezza: essendo la metropoli a 50 chilometri dal confine russo, un missile impiega meno di un minuto a giungere a bersaglio. Troppo poco tempo per spostare una "folla" e metterla al riparo.

Al centro di questa giornata di confronto c'è la parola 'pace'. È stata una sorta di parola tabù in Ucraina per mesi. L'ho trovata per la prima volta nel Natale 2022 sulla lavagna di auguri nella stazione centrale di Kiev: l'aveva appena scritta una bambina. Nel dibattito pubblico è stata sostituita dal vocabolo 'vittoria'. A distanza di quasi due anni dall'i-

* Giornalista, inviato di «Avvenire».

nizio dell'invasione russa su vasta scala scattata il 24 febbraio 2022, con il conflitto che si è incancrenito e non sembra lasciar adito a sbocchi risolutivi per l'una o l'altra parte, il concetto 'pace' ha preso ad aleggiare nel Paese. «Nessuno vuole la pace più di noi ucraini», mi sono sentito dire numerose volte nell'ultimo periodo. Quasi un grido a fermare la guerra. La situazione sul campo si è modificata di molto nel corso del conflitto. Oggi l'Ucraina soffre terribilmente dal punto di vista militare: per mancanza di mezzi. Ma non solo. Nella società sta crescendo il rigetto per l'arruolamento. La conseguenza è che rischiano di mancare gli uomini al fronte. La stasi sui campi di battaglia, gli scarsi esiti della controffensiva lanciata a primavera, il numero crescente di morti, l'assenza di una prospettiva reale di riconquistare le regioni occupate, la corruzione che dilaga insieme con l'idea che i potenti sfuggano alla leva, hanno spento l'entusiasmo di indossare la divisa. Anche per questo le autorità intendono allargare la mobilitazione obbligatoria con una nuova legge molto controversa. Per di più, per precettare gli uomini da far partire, si viene fermati dalla polizia o dai militari agli incroci delle strade, nelle fabbriche, dentro i bar. È uno degli effetti della strategia di logoramento su cui punta la Russia e che, va ammesso, funziona. Logoramento dell'attenzione dell'opinione pubblica mondiale, che adesso guarda con più apprensione e partecipazione al conflitto in Israele. Logoramento della "vicinanza" dei Paesi amici: dalle incertezze dovute alle prossime elezioni USA a certi distacchi europei, come dimostrano alcune tensioni con la Polonia che aveva accolto milioni di ucraini e oggi assedia con i tir i confini ucraini, o come dicono determinate politiche anti-profughi che, per citare due casi, si registrano in Svizzera o Norvegia, dove gli sfollati dell'Ucraina vengono letteralmente pagati per rientrare in patria. Logoramento del popolo ucraino. La gente è stanca. La Nazione è segnata da lutti che colpiscono quasi ogni famiglia del Paese, raccontano vescovi e sacerdoti: quantificare il numero dei morti, militari e civili, è impossibile, ma non è escluso che possano essere 600.000 considerando entrambe le parti. Poi la società ucraina è consapevole del drammatico lascito dei feriti di guerra: migliaia i soldati e i civili che riempiono gli ospedali, sono piegati da traumi fisici o psicologici, e hanno bisogno di riabilitazione. Inoltre, tutto il Paese è gravato dalla povertà che ogni conflitto si porta con sé, e che cresce in modo esponenziale con il passare dei mesi. Ed è arrabbiato per il moltiplicarsi della corruzione e della speculazione. Poi il popolo ucraino è anche disilluso nei confronti delle istituzioni per il dilagare del malaffare: il gradimento del Presidente Zelensky diminuisce, ma non crolla nonostante non sia esente da critiche. Ecco, l'Ucraina è un Paese che ancora regge seppure fra mille difficoltà, ma sa che lo può fare soltanto grazie al sostegno internazionale. E non mi riferisco unicamente a quello militare, ma soprattutto a quello umanitario. In un Paese dove l'economia è ferma, il lavoro manca e gli uomini partono per il fronte, la gente non muore di stenti e di freddo in virtù degli aiuti che arrivano dall'estero, e che sono indispensabili in particolare lungo gli oltre mille chilometri della linea di combattimento. Ma, come segnalano le ONG e anche la stessa comunità cattolica, gli aiuti umanitari stanno letteralmente crollando. Cito l'esempio di Kharkiv. Prima della guerra, aveva circa 1,4 milioni di residenti. Oggi, secondo le stime dell'amministrazione comunale, circa 300.000 abitanti sono profughi di guerra, arrivati dalla stessa regione di Kharkiv, quindi dalle zone più vicine al fronte o al confine russo, oppure dal Donbass, ossia dagli oblast di Donetsk e Lugansk. Significa che quasi un terzo della popolazione è senza più nulla e spesso non ha di che sopravvivere.

Fiducia e resistenza convivono in Ucraina, anche se adesso è passata l'euforia della prima controffensiva, quella che si era verificata nell'autunno 2022 e che ha fatto dichiarare a Jens Stoltenberg, segretario generale della NATO, che l'esercito di Kiev ha riconquistato il 50% dei territori occupati dai russi nelle prime settimane di guerra. Però dalle settimane a cavallo fra il 2022 e il 2023 il fronte è di fatto fermo. La nuova controffensiva non ha modificato il quadro. E nel secondo inverno di guerra la situazione sul campo non sta subendo modifiche: impossibile avanzare fra neve, fango e temperature a -20°. Oggi si combatte una guerra di trincea dove i successi bellici dei due eserciti si contano in poche decine di metri, o pochi chilometri, da difendere o conquistare con perdite umane altissime. Eppure, purtroppo, si registrano anche piccoli segnali di avanzamento dei militari russi. Hanno fatto il giro del mondo i nomi di due località, Mariupol e Bakhmut, dove si sono combattute feroci battaglie. Oggi una battaglia di simile intensità è quella di Kupiansk, cittadina nell'ultimo lembo della regione di Kharkiv che contava 30.000 persone e che adesso è ridotta a poco meno di 3.000 sopravvissuti. Le truppe di Mosca sono a pochi chilometri e per mettere le mani sulla città l'hanno completamente devastata con missili e colpi d'artiglieria. Allora c'è da chiedersi come si può immaginare la pace in Ucraina. La società ucraina ha un suo punto di vista. La politologa Halyna Kuts, docente all'Università nazionale "Skovoroda" di Kharkiv, mi ha spiegato che un eventuale congelamento della guerra, con il quale si sancirebbe lo status quo e quindi l'occupazione russa di quattro regioni più la Crimea, che rappresentano circa il 20% del territorio ucraino, sarebbe come accettare che migliaia di ucraini siano stati uccisi invano e che «i troppi morti a causa dell'invasione russa sono un punto di non ritorno». L'arcivescovo maggiore di Kiev, Sviatoslav Shevchuk, capo della Chiesa greco-cattolica ucraina, aggiungeva che tutto ciò significherebbe legalizzare la guerra come strumento di risoluzione delle controversie fra le nazioni. E proseguiva citando il caso della Crimea: dal 2014, vale a dire da quando sono cominciati gli scontri in Donbass, la comunità internazionale ha chiuso più volte gli occhi di fronte a quello che accadeva, sostenendo che tutto questo era necessario per evitare una escalation. Da qui la domanda che si pongono gli ucraini: e se il congelamento del conflitto fosse solo un pretesto usato dal Cremlino per riorganizzare l'esercito e sferrare nuovi attacchi al Paese a distanza di qualche anno? Il cardinale Matteo Zuppi, Presidente della CEI, ha invitato a costruire una «pace giusta». Lo ha fatto da inviato speciale del Papa che ha visitato Kiev, Mosca, Washington e Pechino, unica iniziativa diplomatica che ha coinvolto le due parti in guerra e le due maggiori potenze mondiali. Conciliare giustizia e pace è il grande dilemma. E per ora non si intravede all'orizzonte come queste due dimensioni potranno coabitare in Ucraina.

PIERFRANCESCO MAJORINO*

«La realtà è malvagia», ci diceva il nostro ospite da Gerusalemme, ed è anche complicata: basti pensare al fatto che questo bellissimo luogo che ospita il nostro incontro si trova a pochi metri dai grattacieli stupendi di Porta Nuova, che sono in buona parte di proprietà del fondo del Qatar. Questo per dire qual è il contesto nel quale ci troviamo. In un mondo simile, tanto complesso e contraddittorio, porre al centro la parola 'pace' è operazione politica complicata, quasi scabrosa. Anche perché abbiamo troppi von Clausewitz in giro convinti del fatto che la guerra è «la continuazione della politica con altri mezzi», invece credo che proprio noi democratici, per riprendere il ragionamento di Peppe Provenzano, dobbiamo dire l'opposto: che la guerra è il fallimento della politica. Lo dico non avendo risposte a portata di mano. Penso, però, che dobbiamo condividere la necessità politica di provarci. Dobbiamo farlo, come ricordava Lorenzo Guerini, nel pieno della crisi del multilateralismo, il che rende l'impegno ancora più urgente e difficile. Per noi, noi europei in particolare. Perché non illudiamoci, parliamo di un'Europa che fa e farà ancora una fatica enorme a far sentire il proprio protagonismo senza che a prevalere sia la logica del compromesso al ribasso. Non è solo questione degli "Orban" che sono fuori da noi, è anche questione delle scelte che spesso anche le parti più progressiste e accorte hanno realizzato o concorso a realizzare. In definitiva, credo che dobbiamo provarci con la po-

---

* Capogruppo PD in Regione Lombardia e responsabile politiche migratorie e diritto alla casa della segreteria nazionale PD.

litica, con le scelte appunto. Dunque, la pace. Quel termine non è un richiamo generico a non fare nulla, o la deriva che conduce alla neutralità e alle sue logiche. Mario Giro lo ha detto in maniera efficace: oggi il tema non è quello di prendere parte nei conflitti in maniera un po' "bambinesca", da una parte o dall'altra, trasformando le tragedie in una partita di ping pong. Semmai, schierarsi vuol dire assumere un preciso punto di vista rispetto a questioni enormi che alimentano la logica stessa della guerra. Perché la pace non è «mettere dei fiori nei nostri cannoni». È costruire le condizioni per uno sviluppo diverso, più giusto. Oggi più che mai, ad esempio, serve garantire il diritto al sapere, all'istruzione per le bambine e i bambini del mondo, serve una lotta allo sfruttamento minorile. Serve evitare la ghettizzazione in atto nella Striscia di Gaza. In altre parole, la "pace" sono gli atti, le scelte che si compiono. Scelte che portano ad affrontare il nodo delle diseguaglianze, altrimenti il nostro confronto si riduce a un esercizio di retorica. Scegliere e agire vuol dire operare azioni molto diverse tra loro. Penso a cose spesso rimosse. Chiedo: dobbiamo occuparci di recuperare la *due diligence* delle imprese, se hanno a che fare con le terre rare o i metalli critici? Spesso lo sfruttamento di quelle terre, l'azione delle multinazionali, portano a una nuova logica del conflitto. Ma in quei casi con quali conseguenze? Papa Francesco nel suo messaggio a COP 28 ha detto: «Con il denaro che si impiega nella spesa militare costruiamo un fondo mondiale per eliminare la fame nel mondo». Questa per me non è l'utopia del pensiero di Bergoglio. È la logica della politica che deve alimentare l'intransigenza delle scelte, e credo che in quest'ottica dobbiamo anche aprire una discussione tra noi sulle decisioni che si prendono in questo Paese, nella vecchia Europa, sul nodo della questione degli armamenti. In questa cornice colloco la scelta di rimettere in discussione l'impegno riguardante il 2% del PIL per la spesa militare. Non lo dico per aprire una polemica, non mi interessa il teatrino politico, e condivido la riflessione di "metodo" a cui faceva riferimento Lorenzo Guerini. Però, per la stessa ragione, ritengo sia una questione di "merito" decidere che oggi sulla spesa militare sta a noi mettere in discussione un accordo verbale preso alcuni anni fa in sede NATO. Dobbiamo farlo anche per disporre delle risorse utili a promuovere politiche di maggiore giustizia sociale nel mondo: credo che su questo terreno ci dobbiamo attestare. Se ragioniamo etimologicamente sul concetto di stabilizzazione, possiamo pensare che porti a politiche di "chiusura". Al contrario, credo che oggi proprio nel mondo del "caos" dobbiamo dirci che la pace significa camminare, aprire, mettere in dialogo. Chiudo riferendomi alle bellissime parole di Alex Langer, che nel suo *Tentativo di decalogo per la convivenza interetnica* scriveva: «... è molto importante che qualcuno si dedichi all'esplorazione e al superamento dei confini, attività che magari in situazioni di conflitto somiglierà al contrabbando, ma che è decisiva per ammorbidire le rigidità, relativizzare le frontiere, favorire l'integrazione». Potremmo aggiungere oggi: "per far sì che non vengano confusi il concetto indispensabile dell'immediato, della 'tregua', con la soluzione che porti alla costruzione della pace anche in Medio Oriente".

ALBA BONETTI*

Cantami, o Diva, del Pelìde Achille
l'ira funesta che infiniti addusse
lutti agli Achei, molte anzi tempo all'Orco
generose travolse alme d'eroi,
e di cani e d'augelli orrido pasto
lor salme abbandonò...

Così inizia la prima opera della letteratura occidentale che, forse non a caso, parla di una guerra. Una guerra particolarmente feroce, che si conclude con la distruzione della città di Troia, descritta con dettagli raccapriccianti. D'altro canto, non mi vengono in mente opere che descrivano solo la pace. Da un punto di vista narrativo, forse la guerra pare più avvincente, ma credo che continuiamo a leggere l'Iliade e storie di altre guerre perché la distruttività è costitutiva dell'essere umano, e abbiamo bisogno di farci sempre i conti. Al di fuori della letteratura, l'esperienza umana ci mostra che per costruire e mantenere la pace bisogna impegnarsi più a fondo e molto più lungo che per fare la guerra, e la pace non è mai acquisita una volta per tutte. Tra pochi giorni celebreremo il 75° anniversario della Dichiarazione Universale dei Diritti Umani, trovandoci nel periodo di massima conflittualità dal 1945 a oggi: al momento nel mondo sono in corso quasi 60 conflitti. Di sicuro, chi lavorò alla stesura della Dichiarazione nel 1948 faticherebbe a trovare tracce di quello spirito di uguaglianza e progresso su cui la Dichiarazione è fondata, quell'aspirazione

* Presidente della sezione italiana di Amnesty International.

al "*never again*" richiamata anche negli interventi precedenti. Su cosa poggia la possibilità della pace? Paradossalmente anche sulla guerra, sulla lotta per l'affermazione di un diritto, per la rinegoziazione dei rapporti di forza tra gruppi sociali o tra Stati. Amnesty International riconosce l'uso legittimo della forza a titolo di legittima difesa, così come previsto dalla stessa Carta delle Nazioni Unite, e pure, in certi casi, «il diritto di ribellarsi al tiranno», ossia la ribellione individuale o di gruppi di persone. Difendiamo i diritti umani di tutti, e quindi tanto dei prigionieri di coscienza – coloro che portano avanti le loro battaglie adottando metodi non violenti – quanto dei prigionieri politici quando invece ricorrano alla forza. Per i prigionieri di coscienza chiediamo il rilascio incondizionato (in questi casi, la privazione della libertà è una violazione dei diritti umani), mentre per chi ha fatto ricorso alla violenza chiediamo processi equi e, ovviamente, come per chiunque, che non siano torturati o condannati a morte. Il diritto internazionale regola il cosiddetto *ius ad bellum*, cioè le norme che stabiliscono quando è lecito usare la forza (Carta delle Nazioni, 1945; Carta di Londra, 1945; processi di Norimberga, 1945-1946). Per il nostro impegno nella difesa dei diritti umani, è però più rilevante lo *ius in bello*, vale a dire l'insieme di regole del diritto internazionale umanitario che, formulate nella Convenzione di Ginevra del 1949, disciplinano la condotta delle ostilità e, soprattutto, tutelano certe categorie protette[1]. Tali regole si fondano in particolare su due principi: distinzione e proporzionalità. Secondo il principio di distinzione, tutte le parti devono distinguere tra gli obiettivi civili e militari. Ogni attacco deliberato sui civili o sugli edifici civili – case, ospedali, scuole o edifici governativi – costituisce un crimine di guerra. Qualora non si fosse in grado di distinguere tra un

[1] A. Marchesi, R. Noury, *Giustizia senza confini. Crimini internazionali e lotta all'impunità*, People, 2023, p. 118.

obiettivo militare o civile, allora tale obiettivo deve essere considerato come civile. Il principio di proporzionalità proibisce attacchi che potrebbero portare alla morte di civili, arrecare ferite ai civili e/o danni ai bersagli civili, e che potrebbero essere eccessivi rispetto al vantaggio militare previsto. Siamo un movimento pragmatico, consapevole che può essere molto difficile fermare una guerra, ma riteniamo che, anche in quel contesto, si debba fare tutto il possibile per tutelare i diritti umani fondamentali e arginare le sofferenze dei civili. Quando la guerra finisce, da dove si parte per costruire la pace? Uno slogan sempre attuale dice che non c'è pace senza giustizia e per garantire la giustizia è necessario combattere l'impunità di chi si è macchiato di crimini particolarmente gravi, quali i crimini di guerra e i crimini contro l'umanità. Quest'anno ricorrono i 25 anni dello Statuto di Roma, che ha istituito la Corte Penale Internazionale, un organismo giudiziario stabile, con giurisdizione estesa a tutti i crimini internazionali, purché commessi sul territorio di uno Stato parte o da un cittadino di uno Stato parte (art. 12). Alla conferenza che diede vita allo Statuto parteciparono oltre 170 Stati e diverse centinaia di ONG, tra cui Amnesty International, radunate nella Coalizione per la Corte Penale Internazionale. Lo Statuto fu ratificato da 123 Stati. La nascita di un organismo indipendente e rilevante fu un percorso a ostacoli, perché contrastata dai tentativi di alcuni Stati di subordinarne il funzionamento, e quindi l'autonomia, al Consiglio di Sicurezza. Richiamerò in particolare due aspetti. Un punto importante nella definizione del funzionamento della Corte riguardò l'avvio della procedura: alcuni Stati, tra cui gli USA, avrebbero voluto una modalità restrittiva (rinvio alla Corte da parte di uno Stato oppure del Consiglio di Sicurezza), mentre è passata l'opzione sostenuta anche dalle ONG in forza della quale la Corte può agire anche *motu proprio* (art. 13). Altro potenziale ostacolo fu posto per la definizione del coordinamento dell'azione tra la Corte e il Consiglio di Sicurezza, nel caso di episodi accaduti negli stessi territori. Alcuni Stati avrebbero voluto precludere alla Corte l'azione investigativa su situazioni già all'esame del Consiglio senza autorizzazione del medesimo, mentre passò il principio del silenzio-assenso (art. 16). Laddove la Corte non abbia giurisdizione, può trovare applicazione il principio della giurisdizione universale degli Stati: un tribunale nazionale potrebbe, e in alcune circostanze deve, processare gli individui sulla base del diritto internazionale – per crimini contro l'umanità, crimini di guerra, genocidio e tortura – indipendentemente dal luogo dove si sono verificati, basandosi sul principio che questi crimini ledono l'intera comunità internazionale o l'ordine internazionale in sé, e che quindi i singoli Stati devono adoperarsi per proteggere. Nella pratica, gli Stati esercitano il loro potere giudiziario solo su un accusato che si trovi sul loro territorio[2]. Pur problematica nel suo esercizio, la giurisdizione universale non è tuttavia impossibile: in Germania, dal 2021 ad oggi, si sono svolti sei processi, conclusi con la condanna di cittadini provenienti da Siria, Tunisia e Iraq[3]. Le violazioni del diritto internazionale umanitario non solo mettono a repentaglio l'incolumità dei civili in tempo di guerra, ma prolungano le loro sofferenze in tempo di pace. Nel corso della guerra in Bosnia Erzegovina, lo stupro è stato utilizzato come strumento specifico di terrore nelle campagne di pulizia etnica. Il verdetto dei giudici del Tribunale penale internazionale per la ex Jugoslavia nel 2001 fu di importanza fondamentale sul piano della difesa dei diritti umani del-

---

[2] Nessuno Stato fa processi in contumacia poiché l'esercizio della giurisdizione universale in assenza dell'accusato assumerebbe un valore puramente astratto, vd. A. Marchesi, R. Noury, op. cit., p. 16.

[3] Vd. A. Marchesi, R. Noury, op. cit., pp. 45-48. Lacune nell'ordinamento italiano: riconosce il genocidio; insufficiente definizione della fattispecie "crimini di guerra", non esiste la fattispecie di reato "crimini contro l'umanità", pp. 146-152.

le donne: lo stupro e la riduzione in schiavitù sessuale furono riconosciuti come crimini contro l'umanità, contrastando l'antica teoria per cui la tortura delle donne è un fattore "intrinseco" alle guerre[4]. Difendere i diritti umani espone a gravi rischi in molte parti del mondo anche in tempo di pace. E a rischiare di più sono le donne. In un report che abbiamo presentato a ottobre 2023 all'Assemblea Generale delle Nazioni Unite, abbiamo messo in evidenza che, «oltre alle minacce affrontate da tutti i difensori dei diritti umani, le donne che difendono i diritti umani (WHRDs) affrontano forme specifiche di violenza di genere verbale e fisica, compresa la violenza sessuale come forma di tortura, e incontrano ulteriori sfide, come la misoginia, la stigmatizzazione e l'emarginazione e ostacoli all'accesso al loro diritto alla libertà di espressione, associazione e riunione, proprio per quello che sono e/o perché i diritti che difendono sono collegati ai diritti delle donne, all'uguaglianza di genere e alla sessualità»[5]. Inoltre, le difensore dei diritti umani continuano a essere escluse dai principali spazi di costruzione della pace: il Consiglio di Sicurezza ha tenuto per la prima volta nel gennaio 2022 un dibattito su come affrontare la violenza contro le donne nei processi di pace. È stata sottolineata la necessità di fare di più per fornire spazi alle difensore dei diritti umani che interagiscono con il Consiglio, ma anche a questo livello si registra un'incapacità di affrontare adeguatamente le minacce alle difensore dei diritti umani: il divario tra impegni dichiarati e attuati rimane enorme. Sono ben documentate le prove del prezioso lavoro delle donne nella costruzione di una pace sostenibile: in

[4] N. Corritore, *Balcani: donne e guerra*, Osservatorio Balcani e Caucaso Transeuropa, 25/11/2013, https://www.balcanicaucaso.org/aree/Balcani/Balcani-donne-e-guerra-144512.

[5] *Challenges faced by Women Human Rights Defenders working in conflict, post-conflict or crisis-affected settings*, Amnesty International, June 2023, p. 1.

Siria nell'organizzarsi per ritrovare le vittime di sparizioni forzate e per rivendicare verità e giustizia; in Afghanistan per fornire sostegno umanitario ai rifugiati e mantenere la difficile situazione delle donne, delle ragazze e delle minoranze oppresse nell'agenda internazionale, e in Iraq le donne hanno dato un contributo decisivo all'elaborazione della legge che riconosce la violenza sessuale legata al conflitto e il suo utilizzo da parte dell'ISIS contro donne e ragazze della minoranza yazidi. Nonostante tutto ciò, dal 2018 a oggi, più di un terzo delle relatrici invitate a parlare al Consiglio di Sicurezza è stata oggetto di ritorsioni e intimidazioni. In sintesi: 1) la guerra appare intrinseca alle vicende umane; 2) far valere il diritto internazionale umanitario limita le sofferenze dei civili; 3) la costruzione della pace non può prescindere dalla lotta all'impunità che dev'essere garantita *in primis* dagli Stati o, in caso di loro impossibilità, dalla Corte Penale Internazionale; 4) le donne sono la parte della popolazione che subisce le maggiori violazioni dei diritti umani, in guerra come in pace. Ritengo che finché non sarà garantito pieno riconoscimento dei diritti delle donne e non sarà assicurata la giustizia di genere, mancherà un contributo fondamentale alla costruzione della pace per tutte e per tutti.

EMANUELE FIANO*

Comincerei dalle parole, perché hanno un peso e una ricchezza che va oltre la nostra intelligenza. Pace deriva da una radice indoeuropea, *Pac* poi diventata *Pax*, che ha il significato di "legare", "unire". E, infatti, hanno entrambe la stessa radice di 'patto'. In ebraico, invece, la parola *Shalom*, che è come quella araba, *Salam*, ha una radice che viene dal verbo 'completare', ma è anche un concetto legato alla parola 'pagare'. In ebraico, *leshalem* indica "sanare un debito". Muovo da qui, dalla radice delle parole, perché il compromesso su cui si può realizzare la pace, e la straordinaria forza della parola, è pari solo alla sua latenza. Non accade solamente in questi giorni e mesi tremendi, ma sempre. Anche perché sbaglieremmo se cercassimo un assoluto quando parliamo della pace. Viene in mente la pagina di critica dell'idea illuminista che fecero Horkheimer e Adorno verso la fine della Seconda Guerra Mondiale spiegandoci che modernità e progresso non procedono sempre in linea retta verso il meglio, e che vi sono buche, errori, e aggiungerei orrori. Qui è stato detto che il primo libro della letteratura occidentale è l'Odissea, io faccio riferimento a un altro di questi primi libri, forse il primo per eccellenza nella cultura occidentale, che è L'Antico Testamento; c'è un punto che per me è sempre risultato di grandissima suggestione ed è l'episodio di Caino e Abele. È quando Dio chiede a Caino dove sia suo fratello, ma glielo chiede dicendogli prima che già lo sa, giacché gli dice che «il suo sangue mi chiama dalla terra». Dunque, è una domanda

* Ex parlamentare e scrittore.

strana, di chi già conosce la risposta. Ma allora perché rivolge quella domanda? La mia opinione laica è perché è una domanda perenne, senza tempo, rivolta alla nostra coscienza. Perché sappiamo sempre che c'è un altro in una condizione tragica: possiamo fare finta di non vederlo, ma lo sappiamo. L'altra cosa che colpisce in quell'episodio è che già sai che Caino è un fratricida, e che quello è il primo omicidio della storia. Per Caino, però, il giudizio non è la pena capitale. La sua fronte viene segnata, ma il segno non dice di ucciderlo. All'opposto, quel segno vuol dire non uccidete Caino, rimanga in vita, vagherà per tutto il mondo e la prima cosa che fa Caino, cacciato in un'altra terra, è fondare una città, la prima città citata nella Bibbia, a nome di suo figlio Enoch. È la città di Caino a raccontarci che il male rimane, permane dentro di noi, permane nella storia dall'inizio della civiltà. Il male non si può eliminare del tutto, è un'illusone. Il punto è che senza una percezione della complessità prevalgono gli istinti peggiori e i conflitti. Noi oggi siamo immersi in una complessità contraddittoria che non ha precedenti. Il Presidente della Commissione per i Diritti Umani dell'ONU è un rappresentante dell'Iran, del Governo khomeinista e liberticida dell'Iran, ma l'Iran è il Paese per il quale abbiamo manifestato tante volte nei mesi scorsi al grido di "Donna Vita Libertà". Sappiamo che l'Iran è un regime dove si uccide se fai vedere una ciocca di capelli, e abbiamo coscienza delle centinaia di esecuzioni che vi si compiono. Ebbene, il rappresentante di quel Paese è il responsabile dell'ONU per i diritti umani nel mondo. A peggiorare la contraddizione e la complessità, l'Occidente non ha avanzato nessun'altra candidatura all'ONU scegliendo il rappresentante di un Governo che i diritti umani li calpesta. Una vergogna. Qui abbiamo parlato di cose che condivido. Sono come tutti un difensore del diritto dello Stato di Israele di esistere e difendersi. Possiamo affermare che in assoluto le armi non risolvono i conflitti tra i popoli? Sì, le armi non possono risolvere le contraddizioni della storia o i diritti che confliggono tra loro, ma è pur vero che abbiamo tante volte vissuto una contraddizione attorno a questo principio, perché ci sono guerre che abbiamo "apprezzato": le guerre di resistenza contro i nazisti, e noi siamo colmi di orgoglio per la Resistenza. Ci sono state grandi discussioni nel mondo, nella Seconda Guerra Mondiale, quando gli inglesi bombardarono Dresda procurando 230.000 morti civili in risposta al bombardamento di Coventry, che produsse 13.000 morti. Ogni vita vale un universo, e quindi non è che uno o 100.000 o un milione sia diverso, ma noi conosciamo le contraddizioni della storia, e quando a Mosul c'è stata la battaglia contro l'Isis ci sono stati 40.000 morti civili. Ma nella battaglia finale per sconfiggere l'Isis non abbiamo avuto la stessa sollevazione che giustamente c'è adesso per i morti civili palestinesi. Oppure non c'è stata di fronte ai circa 500.000 morti civili della guerra in Siria, o ancora non c'è stata per i 377.000 morti della guerra in Yemen, e l'elenco sarebbe infinito. Tutto questo non diminuisce di un millimetro la mia battaglia perché si fermi la guerra a Gaza, si fermino le morti di civili innocenti, si restituiscano gli ostaggi israeliani e si porti tutto l'aiuto di cui c'è bisogno alla popolazione civile. Riconoscere una contraddizione della storia, ma anche una nostra contraddizione, non deve e non può diminuire in alcun modo il nostro senso critico. Amos Oz, scrittore israeliano di pace che ci ha insegnato a guardare il nemico negli occhi, fece un giorno un gesto che in Israele produsse una polemica: regalò il suo capolavoro, *Una storia di amore e di tenebra*, la storia della sua famiglia, a Marwan Barguthi, leader palestinese della Seconda Intifada recluso nelle carceri israeliane con cinque ergastoli, giudicato il mandante di moltissimi attentati e di moltissime vittime civili. Condannato per quegli attentati viene, però, considerato un possibile successore di Abu Mazen, perché dotato, in contrapposizione ad Hamas, di una leadership ancora forte presso la popolazione palestinese. Amos Oz voleva che Barguthi conoscesse la sua storia, che conoscesse il sentimento che avevano provato i suoi nonni fuggendo dall'Europa orientale, i suoi genitori abitando nell'Israele pre-fondazione dello Stato d'Israele. A Barguthi il libro non arrivò mai, non fu consegnato per divieto delle autorità israeliane, ma scoppiò una polemica sul gesto di Amos Oz. Io, invece, trovo che il tentativo di far conoscere la propria storia a un possibile leader del popolo palestinese, seppure condannato per plurimi omicidi, fosse un sentiero simile a quello che spinse Arafat e Rabin a parlarsi. C'è quella bellissima frase di Francesco De Gregori, «La storia siamo noi», la correggerei solo al plurale, «le storie siamo noi» come si dissero Yitzhak Rabin e Yasser Arafat negli anni Novanta quando presero la sola decisione che può portare alla fine dei conflitti. Smettere di raccontarsi la propria storia, perché le storie non sono mai raccontate nello stesso modo. Quando il 15 maggio del 1948 viene fondato Israele, sulla base della risoluzione 181 dell'ONU che spartiva quel territorio in due Stati, lo Stato di Israele e lo Stato di Palestina, Israele accetta la divisione, e i Paesi arabi, Egitto, Giordania, Siria, Libano, Iraq, attaccano lo Stato di Israele: quella è per gli israeliani, penso a ragione, una legittima fondazione dello Stato d'Israele che avrebbe lasciato ai palestinesi il territorio per fondare un altro Stato. Per i palestinesi, quello stesso momento si chiama *Nakba*, "distruzione". Sono due momenti in uno, cioè un unico momento della storia raccontato in due modi opposti. E cosa fecero Rabin e Arafat per i quali l'altro aveva le mani grondanti sangue? Dissero che bisognava smettere di raccontarsi ognuno la propria storia perché sarebbe stata sempre diversa. Dobbiamo vedere cosa serve per costruire l'edificio del futuro, perché il passato non ci troverà mai d'accordo. Il primo punto era il mutuo riconoscimento. Io riconosco te – tu riconosci me – io ti mando il libro della mia storia in carcere anche se tu sei l'assassino di centinaia di israeliani – io ti rispetto anche se i tuoi militari avranno ucciso qualche mio parente in un'azione militare. Servirebbe quel coraggio e ovviamente serve sempre raccontarsi la verità, bisogna raccontarsela la verità. Non chiedo alla sinistra di trovare la strada per essere sempre d'accordo con tutte e due i contendenti, è impossibile. Penso che ci siano delle responsabilità gravissime, penso che Hamas sia un movimento terroristico antisemita. Penso che la destra israeliana abbia la responsabilità di aver voluto espandere all'inverosimile gli insediamenti nei territori occupati. Sono certo che la destra israeliana non voglia e non pensi in alcun modo che si debba costruire uno Stato palestinese. Ma chiedo che ci si faccia la domanda sulla complessità di questo rapporto e aggiungo che dobbiamo avere la coscienza di sapere. Questo è diventato un conflitto religioso dopo che la rivoluzione iraniana del 1979 ha cambiato il quadro anche del conflitto israelo-palestinese. Fino all'inizio degli anni Ottanta quello era un conflitto territoriale: i palestinesi chiedevano legittimamente indietro i territori occupati nel 1967, quelli più estremisti chiedevano tutta la terra, dal Giordano al Mediterraneo. Hezbollah, Hamas, l'Iran, il Jihad, non chiedono la restituzione dei territori occupati, chiedono la cancellazione dello Stato di Israele e Hamas scrive nella sua carta costitutiva di voler fondare uno Stato islamico, scrive che la legge sarà la *fatwa* e gli ebrei saranno ricercati per ucciderli in tutto il mondo. È un cambiamento radicale di quel conflitto, Hamas odiava Arafat, Hamas blocca le trattative del 2000, blocca le trattative del 2008. Ho la fortuna di ascoltare tutti i giorni in lingua originale la radio e la televisione israeliana, continuamente, e i mezzi di informazione palestinesi, quelli che sono in lingua inglese come Al Jazeera: non ho sentito parlare di vendetta, ma so che questa parola aleggia sull'idea che la risposta e le migliaia di morti palestinesi a Gaza siano frutto di quel sentimento. Un adagio attribuito a Confucio diceva «prima di imbarcarsi in un viaggio di vendetta prepara due tombe, una per te e una per il tuo nemico». La vendetta non porta mai a una soluzione, ma è vero che la vendetta attraversa la storia e noi dobbiamo combatterla ovunque alberghi. Oggi serve un cessate il fuoco immediato, la liberazione degli ostaggi, gli aiuti alla popolazione di Gaza, la neutralizzazione del pericolo militare che Hamas e Hezbollah rappresentano per Israele, poi servirà il coraggio di riconoscere nell'altro una parte di ragione e di incontrarsi. Senza uno Stato per il popolo palestinese, e dunque la soluzione "due popoli, due Stati", la pace non verrà mai. Serve mandare via la classe dirigente della destra israeliana dal Governo e serve un ricambio di classe dirigente palestinese; per Israele decideranno democraticamente i cittadini israeliani, per i palestinesi spero in un meccanismo democratico, ma prima intanto fermiamo la guerra. La maggior parte dei cittadini di Israele il 7 ottobre, nel devastante massacro, ha avuto una paura reale e tangibile di sparire, i palestinesi ogni giorno si chiedono quando ci sarà un loro Stato e hanno paura di non sopravvivere. Dobbiamo sanare due paure e due legittimi desideri con il coraggio di una pace giusta.

MASSIMILIANO TARANTINO*

Come Fondazione Giangiacomo Feltrinelli ospiteremo tra pochi giorni "Democrazia Minima", il forum internazionale sul futuro della democrazia. A questo proposito, consentitemi di prendere in prestito il concetto di utopia da Salvatore Veca, il nostro Presidente onorario e maestro negli anni della costruzione di questa straordinaria cattedrale laica della cultura, dell'incontro e del dialogo. Se ho imparato qualcosa negli anni trascorsi assieme a lui è che il concetto di 'utopia' va di pari passo con gli ideali democratici e proprio nell'osservazione e analisi della nostra democrazia avremo l'occasione di presentare i risultati di una serie di ricerche che il nostro polo ha sviluppato e intrecciato in accordo con il network di università e istituti di ricerca che abbiamo in Europa. Alcuni dati sono davvero inquietanti. Secondo i dati raccolti da Open Society Foundation, oggi la democrazia è la modalità preferita di Governo del 69% della popolazione mondiale. La cosa più inquietante di questa ricerca condotta in 30 Paesi è che il 43% dei ragazzi e delle ragazze intervistati, con un'età compresa tra i 18 e i 36 anni, non ritiene che la democrazia sia la forma di go verno migliore. Tra gli under 36, la generazione Z e Millennials, il 42% si dichiara favorevole a un Governo militare e alla presenza di un leader forte che abolisca parlamento ed elezioni. Le elezioni hanno smesso di esercitare il fascino di un rito collettivo che chiama a raccolta la cittadinanza e le nostre democrazie faticano a stare al passo. Ricorderete tutti le parole inquietanti di Giorgia Meloni a pochi giorni

* Direttore della Fondazione Feltrinelli.

dal suo insediamento: «lo Stato non deve disturbare il manovratore», dove il manovratore è appunto l'impresa e lo Stato non siamo noi, la collettività e i servizi di e per tutte e tutti, ma appunto quel nemico che costringe al «pizzo di Stato». Eppure, è proprio nel mezzo di questo intreccio di transizioni ecologiche, economiche e digitali – quella che lo storico Adam Tooze chiama la "policrisi" – che andrebbe riscoperto il valore della democrazia come esercizio di dialogo e come ambizione trasformativa. Andrebbe riscoperto il valore della politica nelle sue capacità di farsi progetto, per immaginare e costruire un domani degno di lode, un'attitudine a proporre visioni alternative che la sinistra ha saputo incarnare e che via via è andata incrinandosi nella fase politica successiva al 1989. A questo riguardo, la Fondazione sta dedicando un percorso di ricerca proprio al post '89 e alla costruzione o decostruzione del campo socialdemocratico, un percorso che sfocerà nella pubblicazione dell'annale del 2024. Proveremo quindi a ripercorrere le crisi del campo democratico e lo faremo partendo dalle illusioni della Terza Via fino ad arrivare a quella che gli antichi greci chiamavano utopia. In questo percorso di disaffezione, di crisi delle utopie, riteniamo di poter reagire percorrendo due strade: la prima riguarda noi, i rappresentanti e i leader della classe dirigente, e ci esorta a riscoprire il coraggio di cambiare per incidere sulle strutture materiali e sociali, sulle cause che perpetuano diseguaglianze e ingiustizie, per includere quelle persone e quei gruppi sociali segnati da un destino di povertà. La seconda riguarda il nostro compito di elettori, di operatori culturali, di individui chiamati dalla storia ad affiancare e a rendere la politica più forte e ambiziosa. Si tratta della capacità di immaginare riforme anche contro la volontà dei poteri costituiti. È accaduto tantissime volte proprio nel nostro Paese, ad esempio con alcune delle iniziative prese dal primo Governo Moro – che si insediava proprio sessant'anni fa, il 5 dicembre 1963 – proseguendo l'esperienza riformista cominciata negli anni precedenti. Sembra un'altra storia, una storia lontana, un'Italia lontana, e però con un grande senso di riscatto, un grande senso di originalità nello scenario politico internazionale. Oggi ci domandiamo che cosa manchi per avere quella originalità. La seconda strada dice che avremo bisogno di ricordarci che la *res publica* è un'arena pervasa di saperi e di competenze, di visioni e di idee, e la sua ricchezza risiede proprio nella varietà di quella società civile laboriosa, creativa, impegnata e, oggi, delusa sebbene non arresa. È un vivaio eccezionale di persone che ogni giorno nelle scuole, nei quartieri, negli uffici, per le strade, incontra problemi e inventa soluzioni, sperimenta bisogni ed escogita strategie. In gran parte quelle persone sono gli amministratori, la classe dirigente di un partito che dobbiamo sforzarci di far sentire supportata dal calore e dalla fiducia della propria gente – anche questo è un ritorno al senso di partito di cui spesso in Fondazione Feltrinelli si discute. La democrazia non è quindi un mero agglomerato di regole formali, di schede depositate nell'urna e di eterne campagne elettorali e bagarre nelle aule parlamentari: democrazia, nel senso più concreto e progressista, significa equità, diritti, in una dimensione di felicità collettiva, in un contesto di pace. Chiudere questa stagione di ricerca, nella quale in qualche misura anche la giornata di oggi è presente, significa ripartire da un'analisi di ciò che è successo dopo il 1989, di ciò che ha progressivamente disfatto il senso di fiducia nei confronti di quella forma utopica che è la democrazia. Intendiamo proporre una riflessione a cominciare da quattro fattori che ci sembrano decisivi: le pratiche partecipative provenienti dal basso e la cosiddetta democrazia innovativa; le pratiche legate ai diritti sul mondo del lavoro che riguarda tutta l'Italia, ma in particolare le grandi città, Milano *in primis*; il tema della sostenibilità abitativa e le grandi questioni legate alla parità di genere. Il recupero e il sostegno di ciò che chiamiamo, e difendiamo, come democrazia è anche e soprattutto, di questi tempi, il sostegno a una visione dell'Europa come centro rinnovatore del concetto di democrazia, luogo che siamo chiamati ad abitare fisicamente e culturalmente, nonché a difendere nel nome della pace tanto faticosamente e drammaticamente conquistata nel corso del Novecento.

BRANDO BENIFEI*

Vorrei andare al punto essendo arrivato direttamente dagli Stati Uniti, nello specifico da una conferenza sulla democrazia e l'intelligenza artificiale, tema che in realtà riguarda anche le guerre e i conflitti, perché l'intelligenza artificiale potrà essere uno strumento di costruzione della pace, ma il pericolo è che si trasformi in un possibile strumento di guerra. A volte l'intelligenza artificiale è stata paragonata alle armi atomiche, e allora voglio dire qui che si è parlato troppo poco del fatto che in questi giorni alle Nazioni Unite si è svolta la conferenza sul trattato per la proibizione delle armi nucleari a cui l'Italia ha deciso di non mandare nessuno, neppure in veste di osservatore. Si tratta di una scelta sbagliata, perché ridurre ed eliminare gli arsenali nucleari, dicendo chiaramente che le armi nucleari sono un pericolo anche per chi le detiene, è qualcosa che dovrebbe essere parte della coscienza democratica soprattutto dei Paesi europei. Con Giorgio Ardito, che è qui presente, ci siamo detti spesso quanto poco si parla di tutto questo. Ora, al tema di fondo di questa giornata, la parola 'pace', mi sento di aggiungere i termini 'giusta' e 'sicura' perché altrimenti una vera pace non è. Ma quale ruolo può svolgere l'Europa perché la pace sia giusta e sicura? Credo che la nostra stella polare debba essere il diritto internazionale, e nel contesto della guerra anche il diritto internazionale umanitario. Per questo abbiamo condannato l'invasione di Putin in Ucraina e per questo, con altrettanta nettezza, dobbiamo condannare l'uso di ostaggi

* Parlamentare europeo.

civili come merce di scambio da parte dei terroristi, dicendo, al contempo, che la strage di civili a Gaza è qualcosa di totalmente inaccettabile, come con coraggio ha affermato in questi giorni il Premier spagnolo Sanchez. Il diritto alla difesa non è il diritto alla vendetta. Penso che questo concetto vada ripetuto, così come sono inaccettabili le violenze dei coloni israeliani in Cisgiordania e gli insediamenti illegali, problema che non nasce certo nell'oggi. Preoccupa l'espansione prevista da Smotrich, il Ministro delle Finanze d'Israele, che vuole stanziare ancora più soldi per i coloni, mentre l'auspicio di molti oggi è che Benny Gantz prenda il posto di Netanyahu. Stiamo parlando della Cisgiordania, dove gli insediamenti illegali in violazione del diritto internazionale hanno inquinato la possibilità di vedere un futuro da parte dei giovani palestinesi, quelli che ho avuto modo di conoscere nella mia attività politica, soprattutto nei movimenti giovanili, dove ho conosciuto anche i giovani israeliani impegnati per il dialogo. Alcuni anni fa ancora facevamo riunioni in cui ci si trovava insieme con questi movimenti. È diventato impossibile a un certo punto per la distanza, per l'odio che si è alimentato da entrambe le parti. Ecco, io credo che l'Europa non possa più essere solo pagatrice di aiuti umanitari quando si tratta di conflitti. Abbiamo bisogno che lavori per costruire la pace, che sia un attore politico. L'esempio principe dove noi non siamo stati in grado di svolgere un ruolo politico a mio avviso è la Siria, dove la costruzione di un equilibrio possibile di pace, un equilibrio di convivenza, è stato oggetto dell'azione di altri, non dell'Europa. L'Europa si è perlopiù occupata dei profughi e degli aiuti umanitari. Con l'Ucraina qualcosa è cambiato, ma non è stato certo abbastanza, se oggi siamo in uno stallo della controffensiva di Kiev, dove una soluzione per arrivare a una pace duratura appare ancora difficile, fa fatica ad emergere. Rispetto, invece, al conflitto che oggi c'è a Gaza, in Israele, in Palestina, dobbiamo provare a fare un passo in più. Dobbiamo insistere sul diritto internazionale e sulla giustizia. Il che vuol dire riprendere la strada di due popoli e due Stati prevedendo per Gaza una transizione sotto egida internazionale, perché una rioccupazione da parte di Israele sarebbe un nuovo dramma. Lo dice il Segretario di Stato americano, Anthony Blinken, non solo la sinistra europea! Sono passi necessari affinché si sia in grado di garantire il riconoscimento e la sicurezza ad Israele, ma anche una strada per la ripresa reale, comprensibile, della costruzione del percorso per due Stati e due popoli. Senza giustizia per il popolo palestinese non ci sarà mai sicurezza per Israele. Poco fa si è parlato del fatto che Hamas ha scritto nel proprio Statuto la volontà di cancellare Israele dalla faccia della terra, e allora dobbiamo essere chiari: Hamas con la sua azione del 7 ottobre ha mostrato il suo volto senza alcun possibile dubbio. Un'organizzazione terroristica che va smantellata, che va colpita soprattutto nelle sue reti di finanziamento. Prima si è parlato dell'Iran, ma dobbiamo parlare anche del Qatar. Abbiamo il tema fondamentale di colpire coloro che hanno finanziato Hamas, magari in qualche caso anche con il benestare di alcune altre parti, compresi settori della politica israeliana che vedeva nel mantenere Hamas forte a Gaza un elemento di divisione e debolezza dell'Autorità Nazionale Palestinese. Non lo dico io, lo affermano i maggiori giornalisti, come Gideon Levy di Haaretz. Dunque, nella società israeliana c'è un dibattito aperto. Abbiamo, però, dei partiti che oggi in Israele potrebbero essere isolati se l'equilibrio politico dovesse cambiare: ci sono partiti che chiedono di riconquistare l'integrità della Giudea e della Samaria (questi sono i termini che usano) e vogliono mandare i palestinesi in Giordania, cancellando lo Stato palestinese. Bisogna dircelo con chiarezza: ci sono forze estremiste, quelle che danno i fucili ai coloni, che predicano l'odio. Credo che sia compito della politica democratica isolare queste forze, proprio per dare giustizia e sicurezza dopo la terribile mattanza causata dall'attacco terroristico di Hamas e la risposta di Israele, che ha visto purtroppo delle decisioni che hanno portato alla morte di un numero inaccettabile di civili. Concludo dicendo che in tutto questo c'è il ruolo dell'Europa di cui dobbiamo discutere. Credo che oggi l'Europa debba fare un passo in più rispetto a crisi precedenti. Ha bisogno di svolgere un ruolo politico. Per farlo, deve avere maggiore unità politica. Le parole di Draghi sono state chiare: ha parlato della necessità dell'Europa di «farsi Stato». Penso sia giusto, e devo dire che qualche settimana fa il Parlamento Europeo, dopo vent'anni dal fallimento della Costituzione Europea, ha approvato un testo per la riforma dei trattati che parla anche di politica estera, non più all'unanimità, ma decisa a maggioranza e con una maggiore unità politica dell'Europa. Non c'è tempo ora per entrare nei dettagli, ma il messaggio è che c'è un dibattito anche nelle istituzioni, finalmente più maturo. Lo dico da persona che ormai è da più di nove anni nel Parlamento Europeo: le cose sono cambiate e oggi sarebbe un disastro se il nostro Paese non fosse al centro di questo sforzo per dare una soggettività politica all'Europa. Draghi ha detto «si faccia Stato», magari non saranno tutti gli Stati membri, sarà un nucleo di Paesi. Ora, dunque, non è solo il momento di parlare, ma anche di agire, per dare all'Unione Europea la forza politica di lavorare per la pace, davvero e senza infingimenti.

DIALOGO TRA GABRIELE SEGRE[*] E ANDREA GIORGIS[**]

Andrea Giorgis

Confesso di essere molto contento di poter dare vita a questo dialogo con Gabriele Segre ed entro subito nel merito di una domanda che credo molti si aspettino, avendo la fortuna di poterti ascoltare e averti qui con noi. Oltre a essere tu un brillante studioso, hai anche un punto di osservazione privilegiato, specie sulla situazione in Medio Oriente e in Israele. Allora, la prima domanda che ti voglio fare, prendendo sul serio il sottotitolo che caratterizza il nostro incontro, cioè l'utopia che deve farsi realtà, è: cosa si può fare perché l'utopia si faccia realtà, perché la pace diventi pratica, esperienza quotidiana? Nel porre questa domanda mi sono tornati alla mente alcuni scritti – che credo siano di straordinaria attualità – di due filosofi che hanno dato un contributo importante alla costruzione dello Stato costituzionale del secondo dopoguerra, Maritain e Mounier, sulle condizioni necessarie perché si possa realizzare la pace. Entrambi convenivano sul fatto che uno dei presupposti, una condizione necessaria, perché si possa realizzare la pace, e perché essa possa perdurare nel tempo, sia l'affermarsi di un sentimento corrispondente, o meglio di una intenzione politica individuale e collettiva.

Gabriele Segre

È un piacere essere qui oggi, perché la politica è dialogo, la politica è relazione e l'utopia di per sé è politica e la tua

[*] Scrittore, direttore della Fondazione Vittorio Dan Segre.
[**] Senatore del Partito Democratico.

domanda tocca il centro. Ho cominciato un anno fa a scrivere un libro che voleva occuparsi del valore della convivenza, della cultura della convivenza, che non è soltanto lo stare assieme. Ho finito questo libro non parlando di convivenza, ma parlando di comunità, e sono arrivato a una comprensione che per me è fondamentale, oggi. Penso che debba essere l'intenzione condivisa, essere comunità non è stare assieme perché si hanno gli stessi valori, quella al massimo è familiarità. Quella familiarità diventa comunità nel momento in cui decidiamo che da quei valori ci facciamo qualcosa assieme. Poi non importa che cos'è, basta l'intenzione. Questo per me è comunità, questo è fare politica oggi. C'è lo spirito dei tempi, c'è l'intenzione di stare insieme in Israele, in Palestina, in Medio Oriente? C'è l'intenzione di fare politica? Dalle ultime notizie ho rilevato che Israele ha ritirato la delegazione del Mossad in Qatar. La prima risposta che mi verrebbe da dirti è no, non ci sono le condizioni, ma quelle condizioni non sono la stessa cosa. Creare il cessate il fuoco non significa creare convivenza. Ottenere il cessate il fuoco significa creare le condizioni tecniche per evitare i morti e un disastro peggiore di quello che c'è stato. Il cessate il fuoco non è politica per l'altro, perché la politica è dialogo, è elevazione e la tua domanda tocca uno degli argomenti su cui ho riflettuto. Oggi faccio fatica a vedere nella politica quella progettualità di cui la politica dovrebbe esprimere intenzione; è diventata molto individuale, è diventata la nostra, è diventata la mia progettualità e al massimo si sposa con la tua, e se si sposa in maniera transattiva diventa una forma di contratto economico e andiamo avanti. La questione è: riusciamo a sviluppare un progetto, un'intenzione di fare progettualità assieme?

Andrea Giorgis

Condivido il tuo sottolineare come non soltanto nei territori di guerra si stiano diffondendo processi di radicalizzazione, e tendano a prevalere atteggiamenti di indisponibilità alla convivenza plurale: e credo anch'io che la pace sia possibile solo se c'è interiorizzazione del valore del pluralismo e disponibilità all'impegno perché il pluralismo sia vissuto, sia praticato e sia ricondotto a unità, anche attraverso una progettualità condivisa. Hai detto che purtroppo la mancanza di dialogo e di progettualità condivisa attraversa molti Paesi ed è vero, persino in Italia penso che stia crescendo un sentimento di sfiducia nei confronti del pluralismo e della possibilità/desiderabilità di costruire l'unità dal basso, attraverso processi partecipativi diffusi, animati e organizzati dai corpi intermedi e dai partiti politici. Noi in questi giorni discutiamo di una riforma costituzionale che ha come tratto caratterizzante quello della disintermediazione, della elezione diretta del Presidente del Consiglio e della concentrazione in esso del potere: in altre parole, della riduzione della partecipazione politica (che dovrebbe poter essere quotidiana, critica e riflessiva) nella investitura del capo.

C'è poi un secondo presupposto, che deve anch'esso essere condiviso e realizzato e che nella nostra Costituzione è sancito nell'art. 11 accanto al ripudio della guerra: la limitazione di sovranità necessaria alla realizzazione di un ordinamento internazionale «che assicuri la pace e la giustizia tra le Nazioni». Perché la pace presuppone una disponibilità, un'intenzione, come dici tu, politica; ma necessita anche della costruzione di un'istanza terza che garantisca l'effettività del diritto e dei diritti nei momenti in cui uno Stato o un gruppo organizzato fa venire meno la disponibilità a praticare la pace. Sarebbe sbagliato pensare che la pace si possa realizzare solo attraverso un processo spontaneo di reciproco riconoscimento, individuale e collettivo, e di reciproca autoregolazione; occorre anche una disponibilità a costruire e a sottoporsi a un'istanza sovranazionale; questa disponibilità c'è oggi, secondo te, da parte dello Stato di Israele?

Gabriele Segre

Hai toccato un punto fondamentale. Vale per noi in quanto individui quando parliamo di comunità. Tu hai ricordato giustamente che il tema è trattato dalla Costituzione, ed è prima di tutto il progetto di noi stessi. Siamo sovrani nel momento in cui possiamo decidere, abbiamo lo spazio di disegnare, di progettare, quello che è il nostro futuro. Non si capisce perché a sinistra si è rinunciato alla parola 'sovranità' dandola in pasto alle destre, e di questo ho scritto anch'io. Non stiamo parlando di relazioni, ma della possibilità di essere sovrani. In un mondo che ci tira sempre di più verso pulsioni e interessi che sono distanti da noi stessi. Allora, la domanda è se ho davvero sovranità. Più pronto a fare un sacrificio oggi che un investimento domani, è molto difficile rinunciare a qualcosa, è molto difficile dire: «Va bene, lo faccio per la prossima generazione, il bene comune per il bene più alto, per la pace». No, quella è la prossima generazione, quel bene comune in quella pace devono essere il mio progetto.

Andrea Giorgis

Oggi un progetto che si limiti a discutere solo della pace come cessate il fuoco penso non sia sufficiente a determinare le condizioni perché si realizzi.

Gabriele Segre

Certo, sì. Oggi parlare di futuro non significa avanzare un'utopia, significa creare delle condizioni infrastrutturali affinché si possa avanzare utopia: è sempre un lavoro difficile, laborioso e lungo che chiede l'impegno di una comunità più ampia. Ma questa comunità ha bisogno delle condizioni per farlo, a partire dagli spazi per farlo. Forse la domanda da porsi oggi, in questa fase di grande fatica di fronte alla guerra, di fronte alla difficoltà di fare politica, è precedente: quali sono gli elementi, che cosa ci serve per raggiungere l'obiettivo di essere comunità? Nel lavoro comune le infrastrutture sono fondamentali, in questo senso la possibilità di chiedercelo come tu l'hai chiesto a me adesso, io le ho da te e le ricerchiamo insieme coltivando lo spirito di comunità non solo sul piano culturale, ma nella quotidianità. La creazione di una forma condivisa, frutto delle diverse prospettive: quello ci dà la possibilità di costruire, di capire quali sono gli elementi che ci servono e poi continuare.

Andrea Giorgis

Direi che siamo d'accordo: occorre avere ben chiaro non solo quanto sia drammatica la guerra, con le sue dinamiche intrinseche, e quanto sia in costante crescita il suo potenziale di morte e di distruzione – come è stato evidenziato in diversi precedenti interventi e come ci ricorda Domenico Quirico in molti dei suoi articoli –, ma anche come la guerra sia dietro l'angolo se non si attiva un dialogo pubblico e una progettualità politica per scongiurarla.

NICOLÒ RADICE FOSSATI*

Per noi Giovani Democratici è importante trovarci parte di una riflessione sulla parola 'pace': sull'utopia che deve farsi realtà. In realtà credo che per noi italiani quel termine abbia un significato molto profondo. È da quando è entrata in vigore la Costituzione con l'Articolo 11 – «L'Italia ripudia la guerra come strumento di offesa alla libertà degli altri popoli e come mezzo di risoluzione delle controversie internazionali e favorisce la pace e la giustizia fra le Nazioni» – che in questo Paese il concetto di 'pace' dovrebbe assumere un'importanza fondamentale. Anche se, oggettivamente, viene quasi da sorridere. Lo dico perché trovo assai incoerente definirsi il Paese della pace, un Paese *per* la pace, quando siamo uno dei maggiori esportatori di armi al mondo. E sia chiaro: armi che non vendiamo agli svedesi, ma a regimi dittatoriali che ogni giorno opprimono i loro popoli e massacrano i civili al solo scopo di mantenersi al potere. Francamente mi vergogno di essere italiano quando penso che pistole, fucili, mitragliatrici usate per sparare a civili innocenti, a minorenni, hanno il marchio Beretta e la scritta "Made in Italy". Mi vergogno profondamente come italiano, e credo che sia una forma grave di incoerenza. Noi, Giovani Democratici, non vogliamo vivere in un Paese schierato per la pace sulla carta, ma che contribuisce alla guerra contro civili, persone che non hanno fatto niente di male. Su questo non possiamo rimanere in silenzio. Le opposizioni, il Paese non possono tacere dinanzi al fatto che le armi che vendiamo per milioni o miliardi vengono usate

* Giovani Democratici Milano.

per massacrare degli innocenti. Invece, cosa diciamo? Che è sbagliato? Ma siamo noi ad aver venduto quelle armi! Siamo noi a essere macchiati del sangue di quelle vittime. Noi! Per citare un esempio, qual è il Paese a cui vendiamo armi per 18 milioni di euro? Quel Paese è l'Egitto. E cosa fa l'Egitto con quelle armi? Ogni giorno fa scomparire qualcuno, ogni giorno prende un minorenne, un ragazzino, lo stende per terra, gli spara un colpo in testa e dice che era un terrorista, per sopprimere le opposizioni, per fare paura e bloccare ogni forma di dissenso. L'Egitto è un Paese che, ricollegandosi anche alla crisi israelo-palestinese, ha sfrattato con la forza migliaia di civili. E con le nostre armi. Quindi noi, come Giovani Democratici, e spero anche come Partito Democratico, ci opponiamo a questo. Vogliamo essere davvero per la pace, vogliamo essere un Paese che non è conosciuto solo per la cultura, la letteratura, i bei paesaggi, i bei negozi, ma perché fa qualcosa per i diritti umani sul tema del commercio d'armi. Per questo motivo, come federazione metropolitana, presenteremo in Parlamento una mozione che chiede al Governo italiano di fermare immediatamente l'export di armi leggere in Egitto e al regime del dittatore al-Sisi. Non vogliamo essere complici. È una mozione per la nostra dignità come Paese, per essere un Paese davvero per la pace, per far sì che questa utopia diventi realtà.

SIMONE NEGRI*

Non avendo il dono della sintesi, spero quantomeno di essere provocatorio. Lo scorso 30 novembre è caduto un anniversario bellissimo: la fine della condanna a morte, l'abolizione della condanna a morte nel Granducato di Toscana. Non penso di aver sentito telegiornali riportare la notizia. E pensando soprattutto a tanti Paesi di cui abbiamo parlato anche oggi, ci rendiamo conto in che mondo siamo. Però c'è un orgoglio che credo sia venuto meno da parte dell'Occidente, quello della sua base valoriale, delle tante battaglie, e quello dell'utopia che è stata disseminata, in particolare dal pensiero illuminista, e che in un mondo di "anime belle", assolutamente simile a quello di oggi, è riuscito a liberare milioni di persone dal giogo delle catene e a garantire la libertà. Forse questo ce lo stiamo un po' dimenticando. Siamo un po' poco orgogliosi di quella storia che abbiamo e di questi valori. Mi ha stimolato molto Massimiliano Tarantino, perché credo che la sua domanda in fondo sia questa: può esistere la pace senza la democrazia? O non è piuttosto vero che senza la democrazia la pace si riduce a essere nient'altro che una tregua, o delle tregue tra guerre dove si scontrano le volontà di supremazia di superpotenze? Stiamo parlando della crisi del sistema occidentale, e mi ha colpito che anche oggi insieme a tante parole giuste e importanti – da ultimo la convivenza – non sia stata evocata la parola 'tolleranza'. Credo che la tolleranza sia il presupposto, il mattone, su cui si può costruire la pace. Stranamente parliamo di un concetto che è in crisi come in

* Consigliere regionale del Partito Democratico della Lombardia.

crisi è la nostra capacità, la nostra volontà come occidentali, come uomini e donne di libertà, di provare a sensibilizzare il mondo, di espandere i diritti a livello universale. Dunque, non di guardare all'Iran e agli altri Paesi solo come dei nemici, dei competitor, ma come possibili nuove culle dove si possa ambire a far fiorire la democrazia. Questo, secondo me, è un tema che ci interroga. Una conquista è il fatto che tutti, e non solo a livello delle coscienze individuali, ripudiamo la guerra. Si tratta certamente di una conquista. Purtroppo, sentiamo anche un po' di apatia per quello che avviene in contesti lontani da noi. Come occidentali stiamo vivendo un paradosso: un Occidente in crisi di valori che, se da un lato, e giustamente, ripudia la guerra, dall'altro si trova però a competere, con minori forze, dentro un mondo nuovo, multipolare, sempre più piccolo e sempre più concentrato. Non ci sono praterie da andare a dissodare, a seminare. Il mondo è quello, in una lotta crescente per accaparrarsi risorse sempre più scarse, e con l'ambiente che sta facendo le bizze e già rende inabitabili interi territori. Parallelamente, tengo a riportare una storia che mi ha colpito e che mi ha sempre inquietato rispetto al tema della pace, di come vada costruita e interpretata. Jared Diamond in *Armi, acciaio e malattie*, uno dei libri più belli degli ultimi anni, descrive come i Maori hanno annientato una popolazione della Polinesia che si chiamava Moriori. Una popolazione che aveva deciso una condotta bellissima: abbandonare le armi e non combattere più. Quando sono stati invasi via mare dai Maori, sono finiti cannibalizzati. I Moriori sono stati mangiati perché non hanno opposto resistenza, non sono stati in grado di difendere quelli che erano i propri valori. E allora mi domando: in questo mondo, come pensiamo di poter far valere le ragioni della democrazia? Come possiamo far partire una nuova stagione in cui si lotta – non con le armi, ovviamente – ma per affermare i diritti in tutti quei Paesi dove oggi sono continuamente calpestati? Quali spazi abbiamo? Come pensiamo di muoverci? Credo che non solo pensando alle tregue e alla pace giustissima delle guerre attualmente in atto, ma rilanciando l'utopia di pensare a un mondo di pace, a un mondo di diritti, a un mondo di libertà, noi potremo rilanciare anche il nostro Occidente e la nostra presenza nel mondo.

ALBERTO BORTOLOTTI*

Nel buio che avvolge l'Europa continentale, dalla destra oscurantista di Orban, alla dittatura disumana di Erdoğan, all'aggressione russa di Putin, sino al conflitto israelo-palestinese, ebbene oggi l'Unione Europea è dinnanzi a un bivio: deve decidere se perire di fronte alle divisioni interne o rinascere affrontando le crisi multiple che stiamo vivendo. Guerra, povertà, inflazione. Una crisi climatica che si intensifica ogni anno che passa. L'arresto della mobilità sociale. Il crollo di quella fiducia circa il fatto che il mondo di domani sarà migliore di quello di oggi. Tutto ciò è stato messo in atto da una destra impudente, finanziata e promossa da una classe miliardaria sempre più spudorata nella difesa dei suoi privilegi, in Europa come nel mondo. E lo vediamo bene in Italia, con un Governo che affonda le radici del consenso nella paura, nella rabbia. Questo Governo, invece di affrontare l'inflazione taglia le misure assistenziali. Invece di affrontare l'esclusione dal mercato del lavoro di centinaia di migliaia di donne, promuove la cosiddetta "famiglia tradizionale", strappando i bambini delle famiglie arcobaleno dalle braccia dei loro genitori. Invece di affrontare la crisi abitativa fa manganellare gli studenti fuori dalle università. Invece di aprire rotte sicure a chi fugge da guerre e carestie preferisce lasciarli annegare in mare. Ma vedete, in tempi così bui, la parola 'pace' è la luce, è la bussola che guiderà i movimenti, le associazioni, i partiti, verso una nuova Europa, l'Europa di quella Next Generation che plasmerà un cambiamento inarrestabile.

* Vicesegretario Young European Socialists.

L'hanno detto Jean Monnet e Altiero Spinelli, alcuni tra i più illuminati architetti della democrazia europea: l'Unione Europea progredisce passando attraverso le sue crisi. Ogni crisi che attraversiamo rafforzerà l'Europa, ogni decisione comune ci renderà più forti, più coesi. Non 27 Paesi e 27 soluzioni; bensì 27 Paesi e una voce. Con queste premesse, l'altro giorno ci siamo incontrati a Bruxelles con il presidium degli Young European Socialists per abbozzare il nostro Manifesto politico in vista delle Europee del 2024. Sono stati molti i temi trattati: dall'ambiente al salario minimo, ai trasporti, all'abitare, alle migrazioni, con anche alcune divergenze di opinioni; però, quello su cui tutti abbiamo convenuto è la necessità di costruire un grande patto generazionale per ridisegnare il socialismo europeo. Il PD e i partiti della famiglia socialista possono essere il motore di questo cambiamento. Possono dare voce dalla Next Generation EU. Il PSE può tornare a catalizzare quel consenso europeista, se tra noi sapremo imparare gli uni dagli altri, gettando un ponte tra la generazione Erasmus e la generazione che ha ricostruito l'Europa poggiandosi sulla pace e sulle macerie delle due guerre mondiali. Se lo faremo moltiplicheremo le nostre energie, rilanceremo davvero il sogno del socialismo europeo. Quel sogno di un'Europa federale e mondiale, di una grande confederazione politica fondata sulle città e sulle regioni, come amava dire il Presidente Sassoli. Per costruire la pace, il mondo ha bisogno di un'Europa forte, ma per rafforzare l'Europa il nostro continente ha bisogno di noi. L'Europa ha bisogno di grandi partiti che riescano a catturare quella voglia di cambiamento, comprendendo, interpretando e plasmando la complessità di queste crisi.

NADIA URBINATI[*]

Vi ringrazio molto per l'invito a prendere parte a questa bellissima iniziativa che, come diceva Liliana Segre, è nello spirito del dialogo e della costruzione di vie che portino alla pace. Sono sempre stata stupita dalla semplicità e dalla difficoltà di due parole, 'pace' e 'democrazia'. La democrazia non ha uno scopo specifico, non deve difendere una classe o un potentato; deve "semplicemente" riprodurre le condizioni della propria esistenza, restando in permanenza aperta al dissenso e al mutamento di decisioni e Governi. La pace è in qualche modo simile; infatti, mentre la guerra è strumentale – chi fa guerra sa che cosa vuole ottenere anche se magari non la ottiene –, la pace non ha uno scopo, ma è la condizione grazie alla quale tutti gli scopi e i piani di vita individuali e collettivi possono essere progettati e realizzati. Un problema mai risolto, ma che pesa soprattutto in questo nostro tempo (anche per le armi atomiche che dominano la scena della paura della guerra), è la decadenza di una visione condivisa della pace. Parlerei anzi di una crisi della visione collettiva globale e delle condizioni per ottenere la pace. Certo, esiste un pacifismo morale e ideologico: vediamo quasi quotidianamente le manifestazioni nel mondo di persone che chiedono alla comunità internazionale di prendersi cura della pace e della ricerca delle "vie della pace", per riprendere il titolo di un bel libro di Norberto Bobbio. Ma a questa voce morale e radicale non corrisponde una pari forza di convinzione da parte degli attori che dovrebbero rendere la pace una concreta possibilità.

* Filosofa e docente alla Columbia University.

Gli attori sono due: gli Stati e il Diritto. Bobbio, in questo un allievo di Hans Kelsen, parlava di pacifismo normativo, la costruzione di un sistema di norme internazionali all'interno delle quali gli attori (gli Stati) interagiscono nella consapevolezza di operare per la pace, anche se sanno che possono esserci inciampi o conflitti – ma nella traiettoria verso la pace segnata dal diritto internazionale che gli Stati si sono impegnati a rispettare. Oggi, sembra che questa dimensione internazionale di pacifismo normativo cada sotto il peso delle irresponsabilità dei leader degli Stati, della loro debolezza di buona volontà. Mi riferisco in primo luogo agli attori internazionali che siedono nel Consiglio di Sicurezza delle Nazioni Unite e che non sanno trovare spesso voci unanimi che riescano a porre fine al conflitto israelo-palestinese da un lato e a quello russo-ucraino dall'altro. In entrambi i casi, i membri del Consiglio di Sicurezza sono coinvolti indirettamente e direttamente nella guerra (la Russia violando addirittura il diritto internazionale di quelle Nazioni Unite nel cui Consiglio di Sicurezza siede). Inserisco in questa manchevolezza anche l'Unione Europea, per la voce flebile e l'afonia che troppe volte ha sfoderato in questi due anni di guerre. Anche la UE è un attore autorevole della comunità internazionale, nata per far vivere le norme del diritto, e quindi le condizioni della pace. La comunità internazionale del suo complesso sembra aver perso energia, sembra non avere forza di respiro capace di far vivere questi suoi ideali, che non sono «sogni di un visionario», per usare le parole di Immanuel Kant, ma sono pragmatici; sono indicazioni normative che incanalano le azioni degli Stati e dei popoli verso lo scopo voluto: la pace. La debolezza della volontà è un problema, con il rischio che le norme stesse potrebbero apparire alla lunga inutili prediche di visionari. Gli attori politici internazionali sembrano aver smarrito il senso della loro missione. Dove sono le missioni delle Nazioni Unite in Ucraina o in Medio Oriente? È uno scandalo morale che oggi si parli di pace mentre chi dovrebbe guidarne la via non mostra di perseguire con determinazione ragionevole missioni pacifiche nelle terre dove si combatte e si massacra. Due attori ci devono interessare, entrambi rimodellati, quando non ricostituiti, dalle guerre e dai massacri dei regimi totalitari, protagonisti della rinascita delle Nazioni Unite e della Dichiarazione Universale dei Diritti Umani: gli Stati Uniti e l'Unione Europa. La responsabilità degli Stati Uniti nella debolezza della volontà di far marciare le norme del diritto internazionale è innegabile. È drammatica questa irresponsabilità, la mancanza di una leadership che sappia, che abbia il senso delle proprie responsabilità internazionali: un compito che perde di peso rispetto ai problemi di politica interna e di disfunzionalità democratica di quel Paese. La democrazia e la pace nascono e cadono insieme. E la regressione democratica degli Stati Uniti, aggravata dall'avventura politica di Donald Trump, purtroppo non conclusa, è parte in causa. Gli Stati Uniti hanno la legittima pretesa di determinare il destino internazionale verso la pace, ma sembra che non ne abbiano più lo spirito. Il mondo si trova quindi in una condizione di pluralismo anarchico che non aiuta le vie della pace. La polverizzazione delle potenze grandi e piccole, le contrapposizioni tra parti e alleanze di parti, tutto questo assomiglia alle fazioni interne delle città antiche e alle repubbliche italiane dell'umanesimo, che non riuscirono a trovare il *modus operandi* per creare insieme le condizioni di unione di intenti; e continuarono nella lotta intestina, nella guerra civile, fino a dissolversi. Se kantianamente consideriamo la comunità internazionale come una repubblica, un Governo del diritto, non fatichiamo a renderci conto di quanto l'umanità sia dilaniata da guerre intestine, e di come i Paesi dell'Occidente non abbiano più la capacità di portare allo stesso tavolo tutti o la gran parte dei Paesi. L'umanità come una è quindi in mezzo alla tempesta, per guerre moralmente ripugnanti come quella che vediamo sotto i nostri occhi oggi in terra di Palestina, alla base della quale vi è la non statualità di un popolo. Come ho detto all'inizio, gli Stati sono gli attori della pace, perché operano con eserciti regolati, norme e diritto; senza uno Stato, la difesa di un popolo diventa o rischia di diventare un progetto appaltato a forze straniere che hanno interessi egemonici alla destabilizzazione dell'area (penso all'Iran) e a forze terroristiche interne che non hanno esse stesse interesse a che la Palestina diventi uno Stato, incontrando magicamente gli interessi del nemico che siede a Gerusalemme. Una serie lunga di mancanze di responsabilità e di colpevole irresponsabilità da parte della comunità internazionale. D'altro canto, sono convinta che sia importante che l'opinione pubblica globale non alimenti sentimenti di antiamericanismo, un problema dal quale dobbiamo riuscire a districarci. Non si può, non si deve, pensare di cercare le vie della pace contro gli Stati Uniti. Al contrario, si deve far sentire a questo Paese che l'Europa è presente con responsabilità nella ricerca della pace, senza prendere vie traverse o scorciatoie. L'Europa come attore internazionale oggi non c'è: lo dice Romano Prodi. Sono d'accordo. È un insieme di Stati che sempre più, anche a causa del nazionalismo interno a essi si riduce a un compromesso quotidiano su quanto riuscire a portare a casa per sé, anche contro gli altri o una parte di essi. Il sovranismo, e i cartelli di sovranisti, fa male all'Europa e fa male alla pace. Anche perché fare il bene del proprio Paese, come vediamo nel nostro caso, spesso significa fare il bene di una parte contro un'altra, di quella parte che si identifica con gli interessi elettorali di chi governa. Questa visione faziosa mette a repentaglio il progetto Spinelliano. E toglie all'Europa quell'autorevole protagonismo politico di cui si sente la mancanza. Senza un'unione federale, l'Europa resta un attore periferico, e questo non è di aiuto agli Stati Uniti. Quando noi giustamente invochiamo la pace e facciamo appello alla democrazia, dobbiamo sentire che sia l'una sia l'altra sono da intendersi come utopie mai realizzate e però pragmaticamente possibili e sempre in cammino. Far sì che la pace marci sui binari del diritto internazionale impone ai Paesi che hanno Governi democratici la responsabilità della loro leadership al servizio della pace. Per fare questo non bastano le passioni e le forze morali delle popolazioni; occorre una leadership politica, e – io credo – soprattutto in quella parte del mondo che ha Governi democratici. Questi Paesi sanno che le forze della pace e le forze della democrazia sono le stesse: che la pace non è sospensione delle ostilità ma interazioni tra Stati governate dalla giustizia e dai diritti di libertà; dentro gli Stati prima di tutto. In questo contesto, risalta il ruolo di una comunità internazionale che riesca a porre limiti alle scelte dissennate di leadership nazionalistiche che perseguono la guerra per realizzare o proteggere i loro regimi autoritari.

ANNA SCAVUZZO[*]

Credo sia prezioso un momento di riflessione corale per mettere a sistema tante esperienze diverse capaci di proporre alla politica di ragionare su temi alti. Porto qui l'esperienza di amministratrice di una città meravigliosa, Milano, che ho l'onore di contribuire ad amministrare con una visione che permette alla comunità di sentirsi responsabile, di creare fratellanza e sorellanza nell'affrontare esperienze e sfide comuni a tutti e a ciascuno. In questa fratellanza, in questa sorellanza, le comunità delle città si ritrovano e si vedono vicine nell'affrontare grandi temi che talvolta, purtroppo, vengono interpretati in una chiave di contrapposizione, di conflitto. Allo stesso tempo, però, sono anche importanti laboratori per costruire dei percorsi, dei processi di sintesi delle tante e diverse esperienze che ci caratterizzano. Pensate alla nostra città, alle tante comunità presenti, ai background migratori, alle diverse provenienze geografiche o religiose, alle sfaccettature del nostro essere cittadini che a volte diventano oggetto di distanza anziché di collaborazione e di alleanze. Questa esperienza si fa terreno di scambio fra città che si alleano e collaborano, al fine proprio di fare patrimonio comune anche delle sfide che oggi ci mettono alla prova, e talvolta ci vedono in difficoltà. Nella diplomazia urbana possiamo trovare la possibilità di costruire percorsi di dialogo all'altezza del bisogno di pace che tutte le comunità esprimono. A Milano, crocevia internazionale e capace di accoglienza, lo stiamo facendo in diversi modi, costruendo esperienze di scambio e di co-

[*] Vicesindaca di Milano.

noscenza tra le comunità, a partire dalle tante persone che sono in transito nella nostra città o che cercano un'alternativa migliore a quel che lasciano. E lo facciamo sui temi più diversi: dall'educazione alla sostenibilità, dalla mobilità all'Europa. Per portare avanti questi percorsi in una visione più ampia, una delle esperienze forse più interessanti che sono seguite all'intuizione dei gemellaggi è stata quella di creare reti tra città, come per esempio Eurocities, che nell'ultimo anno ha avuto la guida *pro tempore* del Sindaco di Firenze. In questa ottica si inserisce una riflessione sulla possibilità di costruire la pace a partire dalla collaborazione, dalla conoscenza e dalla capacità di affrontare insieme le sfide delle città. L'esposizione universale ha lasciato a Milano una grande eredità, quella dei temi delle politiche alimentari sostenibili, che significano contrasto alla povertà alimentare ed educativa e impegno per la sostenibilità, perché tutti possano avere accesso a cibo sano e di qualità. È un'esperienza di affermazione dei diritti quotidiana e sempre in cantiere. Così come sempre in cantiere è la pace. E su quel cantiere ci dobbiamo ritrovare insieme, pur nelle differenze, così come succede per le politiche alimentari tra Milano, Bangkok, Tokyo, Osaka, Riad, New York, Los Angeles, Bergamo, Napoli. Difendere i diritti e costruire delle esperienze concrete in cui tutta la comunità sia chiamata a dare un contributo credo sia il migliore messaggio che possiamo dare rispetto a una pace possibile. Perché oggi è una pace che si realizza cercando di far sì che tutti abbiano il giusto e che ci si senta chiamati nel momento del bisogno senza lasciare indietro nessun compagno di strada con cui abbiamo spezzato quel pane che ci rende fratelli e sorelle, a partire dalle nostre città. Credo che questo sia un bellissimo messaggio, che possiamo portare avanti sia nelle città più ricche del nostro pianeta, sia nelle città più povere, con la consapevolezza di farci città fra le città e la volontà di trovare il modo per cui ciascuno possa fare la propria parte. In questa esperienza c'è davvero quella restituzione di quotidianità che è il costruire la pace senza assegnare ad altri il compito, ma portando la propria testimonianza e le proprie possibilità personali. Chiediamo a tutti e a ciascuno di essere all'altezza del ruolo che gli è stato affidato in Europa, sui banchi del Parlamento, nei Governi, nelle città e in altre istituzioni, ma senza mai sottrarci alla partecipazione e all'impegno personale. È anche una grande iniezione di fiducia di cui abbiamo bisogno e che anche i più giovani chiedono con grande insistenza, restituendoci quell'entusiasmo necessario per fare lo stesso sforzo in tutti i campi in cui siamo chiamati a collaborare.

DON GIUSEPPE GRAMPA*

Dalla "guerra giusta" alla costruzione della pace. In questi anni di conflitti, nessuna voce si è levata con tanta forza contro la guerra quanto quella di Papa Francesco. Il 13 maggio 2023, ricevendo alcuni diplomatici, ha dichiarato: «Viviamo in una terza guerra mondiale combattuta a pezzi», facendo riferimento a situazioni critiche in Ucraina, Siria, Repubblica Democratica del Congo, Myanmar, Libano e Gerusalemme. Numerosi sono infatti i terreni di scontro tra Paesi, spesso supportati dalle superpotenze mondiali. Non solo «guerra mondiale a pezzi», ma anche guerre per procura. Papa Francesco non ha mai smesso di denunciare il ricorso alla guerra. Tuttavia, bisogna riconoscere che non è sempre stato così. Per secoli, ha prevalso la dottrina della cosiddetta "guerra giusta".

Facciamo un passo indietro all'11 aprile 1963, quando Giovanni XXIII firmò la sua ultima enciclica, *Pacem in Terris*. Questo documento contiene un'affermazione fondamentale. Erano gli anni della "Guerra Fredda" tra le due superpotenze, Stati Uniti e Unione Sovietica. Anche l'Italia era coinvolta, ospitando basi militari statunitensi in Friuli, Puglia e Sicilia sin dagli anni Cinquanta. Nell'agosto del 1961 fu eretto il Muro di Berlino, simbolo concreto della "Cortina di Ferro", che sarebbe caduto solo nel 1989.

Nel 1962, missili puntati contro gli Stati Uniti furono in-

* Direttore del mensile diocesano milanese «Il Segno» e rettore dell'Università della Terza Età "Cardinal Giovanni Colombo".

stallati a Cuba, creando un clima di estrema tensione. Nel 1959, Fidel Castro aveva rovesciato il Governo filoamericano del Presidente Batista a Cuba, nazionalizzando le attività economiche statunitensi sull'isola. Gli esuli cubani rifugiati negli USA reagirono prontamente e, con l'aiuto della CIA, tentarono di riprendere il controllo dell'isola, culminando il 17 aprile 1961 con il fallimentare sbarco alla Baia dei Porci. Le truppe cubane di Castro sconfissero il tentativo in tre giorni. In quegli anni, in Europa e in Italia, venivano dispiegate basi missilistiche puntate verso l'Unione Sovietica. In risposta, la Russia di Krusciov fornì nel 1962 missili da puntare verso la costa americana, sfiorando il rischio di una terza guerra mondiale. Le trattative evitarono il conflitto, ma è fondamentale ricordare la lettera di Giovanni XXIII e il lavoro diplomatico vaticano nei confronti dei due belligeranti: il Presidente Kennedy e il Segretario sovietico Krusciov.

Ecco l'affermazione cruciale di quel testo del 1963: «In questo nostro tempo che si gloria della potenza atomica è irrazionale [*alienum est a ratione*] pensare che la guerra sia adatta a riparare i diritti violati». Questa affermazione, che oggi può sembrare ovvia a molti ma non a tutti, segnò la fine di 1.600 anni di dottrina morale cristiana sulla "guerra giusta" e sulle condizioni che la legittimavano. Con questa affermazione, Papa Giovanni XXIII dichiarò l'illegittimità della guerra in considerazione dell'enorme potenziale distruttivo delle armi nucleari. La formula "guerra giusta", che oggi la nostra coscienza rifiuta, non voleva legittimare il ricorso alla guerra in ogni caso. Parliamo di secoli che non conoscevano il peso dell'opinione pubblica né il ruolo di sistemi democratici. La dottrina della guerra giusta era una sorta di argine all'arbitrio del sovrano, limitando il ricorso alla guerra ai casi di legittima difesa e a certe ben precise condizioni.

Due anni dopo, questa posizione fu ribadita nei documenti del Concilio Vaticano II con queste parole: «Il progresso delle armi scientifiche ha enormemente accresciuto l'orrore e le atrocità della guerra, le azioni militari se condotte con questi mezzi possono produrre distruzioni immani che superano di gran lunga i limiti di una legittima difesa». Il Concilio dichiarò che ogni atto di guerra mirante indiscriminatamente alla distruzione di intere città, di vaste regioni o dei loro abitanti è un delitto contro Dio e contro l'umanità e deve essere condannato con fermezza e senza esitazione. Fu l'unica condanna pronunciata dal Concilio Vaticano II.

La coscienza cristiana ha superato la dottrina della guerra giusta, condannando il ricorso a questo strumento come delitto contro Dio e contro l'umanità. La condanna della guerra si accompagna al parziale riconoscimento della deterrenza e conseguentemente della corsa agli armamenti. «Poiché infatti si ritiene che la solidità della difesa di ciascuna parte dipenda dalla possibilità fulminea di rappresaglie, questo ammassamento di armi, che va aumentando di anno in anno, serve in maniera certo inconsueta a dissuadere eventuali avversari dal compiere atti di guerra. E questo è ritenuto da molti il mezzo più efficace per assicurare oggi una certa pace tra le Nazioni» (Cost. Conc. *Gaudium et spes*, n. 81b). Ma anche questa logica della deterrenza mostra la sua fragilità e pericolosità. Paolo VI affermava: «Se l'equilibrio del terrore (la deterrenza appunto) è potuto e può ancora servire per qualche tempo a evitare il peggio, pensare che la corsa agli armamenti possa continuare così, indefinitamente, senza provocare una catastrofe, sarebbe una tragica illusione» (La Santa Sede e il disarmo, n. 800). Il riconoscimento solo provvisorio della logica della deterrenza impone invece un processo di disarmo controllato e bilaterale. Nel discorso per la festa di sant'Ambrogio del 1983, il cardinale Carlo Maria Martini affermava: «Si può minacciare un intervento la cui concreta attuazione è giudicata immorale? Quanto a lungo si potrà resistere alla tentazione di passare dalla minaccia all'uso delle armi nucleari? La corsa agli armamenti nucleari fatta in nome della dissuasione ha concretamente allentato in questi anni oppure ha inasprito le tensioni? Quanti e quali mezzi, energie, possibilità ha assorbito la corsa agli armamenti, sottraendo forze preziose alla lotta contro la fame, la malattia e per la promozione della vita? Quali germi di violenza essa introduce nel costume e nel quotidiano vivere degli uomini?».

Dobbiamo augurarci che la coscienza critica progredisca, dando spazio alla costruzione di condizioni che favoriscano la pace e la sicurezza, consolidando sempre più gli organismi internazionali, la mediazione politica, le sanzioni giuridiche ed economiche, e l'isolamento di chi ricorre alla prepotenza e alla forza. Parlando all'ONU nel 1965, Paolo VI affermava: «Chi non vede il bisogno di giungere così, progressivamente, a instaurare un'autorità mondiale, capace di agire con efficacia sul piano giuridico e politico?». Accettare la logica della deterrenza o dissuasione attraverso la corsa agli armamenti significa accettare la logica perversa del riarmo indiscriminato che ha sempre condotto alla guerra.

DOMENICO QUIRICO*

Di mestiere faccio l'inviato di guerra. Detto in una manifestazione nel cui titolo è la parola 'pace' ha un'assonanza un po' sinistra, ma l'unico scopo che posso propormi con un minimo di fondatezza è quello di raccontarvi quello che non è utopia, ma realtà. La guerra è la realtà del XXI secolo e non soltanto nelle due collocazioni geografiche, Ucraina e Gaza, che sono state citate ampiamente in questa sede. Ricordo che in Sudan ci sono otto milioni di rifugiati, civili sfuggiti alla guerra che dura da molto tempo, ricordo che in Etiopia c'è un uomo politico a cui è stato assegnato sciaguratamente il Nobel per la pace che sta cercando di annientare un popolo intero con la fame e la distribuzione politica degli aiuti umanitari. Allora, oggi la guerra è la realtà del XXI secolo. Vi posso accompagnare in un'ora e mezza di volo in luoghi in cui tutte le meravigliose dissertazioni sui principi del diritto della guerra umanitaria non valgono nulla. In questo tempo, dunque, la guerra è tornata alla connotazione tragicamente originaria: pura violenza.

Le guerre di oggi non hanno regole, il diritto internazionale bellico è una colossale astrazione. L'unica norma nei conflitti è l'annientamento dell'avversario, la sua scomparsa fisica, la distruzione pietra su pietra di tutto quello che gli appartiene. La guerra è questo, è violenza, è il contrario di ciò che avviene in una società di pace. Uccidere non è più un delitto, ma diventa un merito.

Questa è purtroppo la realtà di questo tempo. Se noi non partiamo dall'analisi di come è cambiata la guerra non

---

* Giornalista e inviato di guerra.

potremo costruire né utopie né capire la realtà. Faccio un esempio che tutti avete negli occhi: 7 ottobre, frontiera tra Gaza e Israele. Immaginatevi il luogo, cerco di farvelo vedere e di creare con gli occhi quello che io ho visto, quello che è accaduto in una palpabile realtà: da una parte stessi alberi, stessi arbusti, stessa sabbia, stesso cielo, stessi cumuli di nuvole che corrono velocemente verso il mare. Da una parte ci sono alcune migliaia di ragazzi che ascoltano musica, vestiti come noi, una parte del nostro mondo. Perché Israele è una parte dell'Occidente per economia, per struttura politica, assenze, mancanze, colpe, come in Occidente.

Spostatevi di tre-quattro chilometri, tenete conto del suono, quella musica internazionale che si può ascoltare ovunque assorbe, copre, invade, riveste un'altra massa di giovani con il passamontagna che stringono furiosamente in mano un fucile d'assalto e palpeggia nel tascapane le bombe a mano. Ho visto molte guerre, ho esordito con il Mozambico negli anni Ottanta del secolo scorso ma non ho mai visto in nessun luogo, sintetico, esemplare, mostruoso, come è accaduto qui lo scontro tra due mondi che non possono integrarsi l'uno nell'altro.

Dall'altra parte quelli che sognano la cancellazione di quel mondo. Perché Hamas non è un movimento nazionalista, è un movimento jihadista, fa parte di questo grande universo della purificazione del mondo a cui appartengono Al Qaeda, Al Sham, il Califfato, i Boko Haram e molti altri, nomi diversi per la stessa idea. Quei due mondi sono il XXI secolo, e non do giudizi morali: da una parte c'è una pratica aspirazione dei giovani israeliani che vogliono vivere come si vive a Catanzaro o a New York. Trent'anni fa sarebbero andati al rave party con l'Uzi, il mitra israeliano, sempre al fianco. Ma il mondo è cambiato, ed è giusto che sia così. Dall'altra parte c'è quello che io chiamo il mondo del Kalashnikov, l'oggetto più diffuso al mondo: lo potete comprare al mercato a Mogadiscio a 50 dollari, perfino 25 se è un modello vecchio. La mala francese se li procura nella ex Jugoslavia a 500 euro. Ce ne sono più di 90 milioni di esemplari solo in Africa. Allora nel mondo del Kalashnikov, dove la differenza tra essere uomini e non uomini passa nell'averlo in mano, se lo possiedi sei un essere umano, se no sei uno scarafaggio, una formica, una pietra. Io ti posso ammazzare e nessuno verrà a chiedermi il perché.

Anni fa sono stato in Sicilia in occasione di una delle innumerevoli tragedie del mare – circa 300 morti – e sono andato a vedere il luogo in cui erano ospitati i sopravvissuti (poi è stato chiuso dalla Procura della Repubblica per truffe) vicino a Catania. C'erano molti giovani migranti che andavano e venivano cercando di passare il tempo e una sola persona anziana. Mi ha incuriosito perché al contrario degli altri non manifestava dolore o rabbia per la condizione di oppressione. Gli ho chiesto perché fosse allegro. E lui: «Qui sono sicuro di essere ancora vivo, domani mattina, nel mio Paese no».

Il mondo non si divide soltanto tra ricchi e poveri e neppure tra filoccidentali e terzomondisti: il mondo di oggi si divide tra quelli che hanno il Kalashnikov e possono esercitare la violenza e quelli che non ce l'hanno, tra la sopravvivenza più o meno sicura e la totale assenza di possibilità.

VIRGINIO MEROLA*

Torniamo a riflettere dopo tanto tempo sul tema della pace. Per farlo senza presunzione ritengo più importante chiedersi quali sono le domande giuste, più che già delineare risposte. Ad esempio: su Israele e Palestina, da quanto tempo non ci occupiamo di come contribuire a una ricostruzione democratica dal basso di quelle due società? In Israele è importante sostenere la lotta democratica contro il Governo di destra di Netanyahu, che ha provato a cambiare quella democrazia in una democrazia illiberale. E in Palestina possiamo rassegnarci al fatto che Hamas rappresenti il popolo palestinese, che l'autorità palestinese sia corrotta e incapace di una nuova rappresentanza democratica? Ogni possibilità di dialogo può riprendere solo da questa riforma democratica della rappresentanza, frutto di una lotta e spinta dal basso di queste due società. Questo "dettaglio" richiamato nell'intervento di Lucia Annunziata, la questione della necessaria spinta democratica dal basso, credo sia una bussola con la quale guardare al Medio Oriente e non solo. Come possiamo aiutare la lotta dei due popoli perché la pace sia un obiettivo voluto e richiesto ai Governi? La situazione di contrapposizione è tale oggi che solo parlare di dialogo sembra una chimera. Ma se è vero che oggi il tema dominante è la lotta tra democrazia e dittatura, tra imperialismo russo, autocrazie cinesi e iraniane, e spinta alla democrazia illiberale o allargamento della democrazia e degli spazi per i diritti umani e sociali, se è questa la principale questione, noi e le forze progressiste

---

* Deputato del Partito Democratico ed ex sindaco di Bologna.

dobbiamo sapere volgere l'attenzione e le priorità a come agire per la democrazia come condizione necessaria per un percorso autentico di pace. In Israele il 7 ottobre c'è stata una aggressione infame, frutto di una ideologia teocratica, che persegue l'obiettivo di eliminare lo Stato di Israele e di perseguitare gli ebrei. Non posso dimenticare che il diritto all'autodifesa è stato praticato dalle democrazie durante la Seconda Guerra Mondiale, anche con migliaia di vittime civili a causa dei bombardamenti. Pensavo, come tanti, che questi fatti fossero alle nostre spalle: ma oggi ritornano e vengono richiamati per giustificare la reazione di Netanyahu. Dunque, i tanti anni di pace di cui abbiamo goduto noi europei sono solo una lunga parentesi? Siamo di fronte alla necessità di una lotta di liberazione democratica, che mette in conto anche la guerra? O siamo di fronte alla debolezza delle democrazie nel rendere praticabile e non retorica la strada per i negoziati e il cessate il fuoco? Forse la consapevolezza che non esiste una Europa politica, una politica estera europea e una difesa europea dovrebbe convincerci che il nazionalismo è il primo ostacolo alla pace, e che il ripiegamento sulla "Nazione" anche dei partiti socialisti, l'orizzonte elettorale a breve termine praticato di continuo, non permetterà una credibile azione per la pace. Perché in Europa non c'è un forte movimento per la pace? Perché il PSE non riesce a essere un protagonista dal basso della lotta per la pace? La nostra richiesta di negoziati e di cessate il fuoco rischia di essere un aspetto dei ripiegamenti nazionali, nel senso di chiamarsi fuori in modo passivo dagli schieramenti internazionali. Una debole adesione di facciata alla pace, perché affidata al tornaconto dei sondaggi elettorali e alla paura delle conseguenze della guerra. Meglio che niente? Non si sfugge dal fatto che il compito immane è quello di riattivare una politica forte, prima di tutto perché capace di coinvolgere, attivare, mobilitare, ampie comunità di cittadini per una effettiva patria europea, come tale determinante per promuovere una politica internazionale di affermazione della democrazia e della convivenza in un mondo davvero multipolare e plurale. Serve una coalizione di partiti europea presente nelle società prima ancora che nei Governi. Che chieda una politica europea estera e di difesa comune. Nella NATO, ma autonoma. Nessun leader al governo oggi si dichiara disponibile a condividere il diritto di veto all'ONU e la deterrenza nucleare resta un fatto nazionale (Francia, Inghilterra) e questo aspetto dovrebbe essere una priorità della spesa comune per la difesa. Altrimenti resteremo al traino, non giocheremo un ruolo incisivo, e chiederemo la pace solo come testimonianza. Insisto ancora una volta sul fatto di prendere sul serio e con coerenza il nostro nome di democratici. Essere democratici significa combattere perché le persone contino qualcosa, perché democrazia sia anche redistribuzione del potere, democrazia più avanzata perché affermazione di diritti sociali e civili. La lotta per l'eguaglianza non sfonda se non accompagnata da movimenti di massa e da una nuova speranza di libertà e di autodeterminazione. Servono coraggio e capacità di andare contro corrente rispetto a fatti contingenti sbagliati, come l'esclusione dalle manifestazioni contro la violenza alle donne delle cittadine ebree e israeliane. Noi chiediamo che il Governo di Israele smetta una guerra contro Gaza, che colpisce soprattutto vittime civili e che Hamas liberi gli ostaggi. È ineludibile per me la domanda dopo queste giuste richieste: con quale forza le avanziamo, con quali passaggi per un vero percorso di pace? Una nuova soggettività politica europea è il nostro compito storico, da qui occorre riaprire il sentiero della pace. Ricordo una affermazione di Vittorio Foa, alla domanda sul nuovo secolo: il futuro sarà una lotta tra orizzontale e verticale, tra alto e basso. Qui si gioca la nostra promessa democratica di pace. Senza democrazia ampia e vissuta non c'è una buona politica di pace? Questa è la domanda necessaria per impostare le nostre risposte.

LEONARDO PALMISANO*

Quando, nel 2019, mi viene conferita la "Colomba d'oro" per la pace, si tratta di un'onorificenza importante della nostra Repubblica, chiedo alla Comunità di Sant'Egidio perché ricevo questo tributo. Lo chiedo perché ho fatto quindici anni di pugilato, ho fatto lo sparring partner per i super massimi, quindi so "menare", ma sono sostanzialmente un non violento. Sant'Egidio mi risponde: «Perché tu hai detto una cosa nuova», che per me è scontata, giuro. Chiedo, allora, cos'ho detto di così nuovo, o fuori dall'ordinario. E mi dicono: «Hai detto che per evitare che le mafie si diffondano nel mondo, non soltanto in Italia, è necessario disarmarle». Prendendo spunto da quella risposta, che veniva in un momento nel quale l'Italia – come adesso – inseguiva altri Paesi nella corsa agli armamenti, ho detto: «Guardate che le armi, le mafie non le producono per conto proprio». Ce l'ha ribadito poco fa Domenico Quirico. Tanto è vero che i 90 milioni di Kalashnikov in giro per il mondo sono prodotti da una ditta che porta quel nome, e lo stesso vale per Beretta o tantissime altre ditte. Adesso c'è un aumento della spesa militare che spaventosamente va a finire all'interno di quei circuiti. Non so se ricordate che l'anno scorso, durante il conflitto tra Russia e Ucraina, è caduto un aereo al confine nord della Grecia. Pochi giorni prima era uscito un mio pezzo sul «Corriere del Mezzogiorno» in cui esprimevo il timore che tutte queste armi che stavano piovendo da parte del mondo sul suolo ucraino potevano alimentare il contrabbando di armi, anche perché

* Sociologo e scrittore.

sul territorio di guerra ucraino ci sono truppe paramilitari trasversalmente schierate che in realtà sono vere e proprie mafie o embrioni di mafia. In quell'aereo c'erano delle armi destinate non a eserciti regolari, quindi a quello ucraino o a quello russo, ma erano destinate a queste truppe paramilitari che sono quelle che poi le rivendono in Africa. Il conflitto intra-africano, adesso, rischia di riesplodere anche in chiave del tutto inusitata, perché in Senegal c'è qualcosa che ribolle. In questo momento rappresento con deleghe specifiche il PD pugliese e, avendo vissuto guerre di mafia trent'anni fa che hanno ucciso tantissimi ragazzini nella mia città, Bari, posso dire che l'età media dei guerrieri di mafia si è di nuovo abbassata, il tema posto qui da Pierfrancesco Majorino. Sostengo, di conseguenza, che un grande partito di sinistra debba sposare l'idea del disarmo. Anche del disarmo unilaterale, per dirla con Norberto Bobbio. Qualcuno sostiene che la produzione di armi ha delle forti ricadute occupazionali. Mi sento di smentirlo. Mi ha chiesto la CGIL Puglia di fare un po' i calcoli, i conti in tasca, a chi produce armi nel nostro Paese: noi abbiamo un calo netto dell'occupazione nell'industria delle armi, che non fa più di 90.000 addetti. Gli occupati in questa industria calano del 6% annuo, a fronte di un aumento dei profitti medi e delle ricadute dalle borse del 700% annuo! Questa ricchezza produce parte della povertà che vediamo nelle nostre città e nelle nostre città del Sud funestate dalle guerre di mafia. Una povertà che risorge, autoctona e straniera. Non lo dobbiamo consentire.

GIORGIA SERUGHETTI*

L'unico contributo che posso portare alla giornata di oggi è quello che riguarda la voce e la riflessione del femminismo. Perché mi pare ci sia un certo silenzio, una voce flebile del femminismo non soltanto in quest'ultimo frangente, quello in cui si è riacceso così violentemente il conflitto israelo-palestinese, ma anche negli ultimi due anni di fronte al ritorno della guerra così vicino a noi, in Europa. Mentre di femminismo c'è bisogno, c'è bisogno di una voce delle donne per la pace, per motivi per molti versi evidenti. In primo luogo, perché in ogni guerra c'è una guerra nascosta: la guerra combattuta sui corpi delle donne attraverso gli stupri di guerra, i rapimenti, le gravidanze forzate, l'internamento e molte altre violenze che sono specificamente di genere, che vengono agite anche all'interno dello stesso gruppo, miste a quella pura violenza di cui parlava prima Domenico Quirico. E poi perché c'è un significato specificamente di genere delle guerre di questo tempo, che vedono spesso scontrarsi diversi sistemi di valore, in cui davvero la frontiera è spesso quella che separa chi ambisce a restaurare un ordine anche di genere, anche sessuale, che rimetta le donne al proprio posto, e chi prova a respingere questo attacco. Ci sono stati degli episodi significativi: pensate a quel famoso discorso all'indomani dell'aggressione russa in Ucraina quando il patriarca Kirill ricordava che quella guerra di invasione, chiamata "operazione speciale", serviva anche a combattere "le parate gay", cioè costumi, sistemi di vita e diritti estranei e nemici della cultura naziona-

* Docente di Filosofia politica all'Università Milano-Bicocca.

le russa. Rappresentava questo scontro come uno scontro metafisico, uno scontro spirituale, uno scontro tra sistemi di valore, visioni del mondo. Nella guerra israelo-palestinese quello che vediamo è un conflitto tra leadership politiche che, in entrambi i casi, sono in maniera diversa confessionali, viriliste, con tendenze autoritarie, sebbene diverse. La prospettiva femminista serve ad avanzare visioni critiche che attraversano tutte le forze in campo, in questo ciclo della violenza che viene alimentato attraverso il disprezzo della vita umana. Un'ultima – forse non ultima – ragione per cui la voce femminista contro la guerra è così necessaria è perché tutte le guerre tendono a restaurare un ordine. In questo nostro tempo che sembrava dover essere attraversato da un cambiamento dopo quell'incredibile evento che è stata la pandemia, che ha sospeso l'ordine delle cose, la guerra è tornata come un vento di restaurazione, di chiusura della possibilità di un'alternativa, un'alternativa che potesse darsi anche nel segno di un approfondimento della democrazia e di apertura alla possibilità della cura. Quindi in questo orizzonte afflitto, funestato da nuove guerre, il compito dei movimenti si fa più urgente. Un movimento come quello femminista, in particolare, si fa più urgente e si fa, però, anche molto più duro. Il femminismo può essere chiamato a guidare la contestazione di tutti i poteri generatori di morte grazie alla capacità di vedere la violenza e di porsi sempre dalla parte delle vittime. Il femminismo storicamente ha svolto questo ruolo: pensiamo che nel 1915, nel bel mezzo della Prima Guerra Mondiale, si riuniva all'Aja il primo Congresso Internazionale delle Donne per la Pace in cui si vedevano, si incontravano mille delegate da Paesi in gran parte belligeranti, quindi le donne di Paesi che erano tra loro in guerra, e si riunivano per «stringersi le mani tra sorelle», come dicevano allora. Per far finire la guerra, per pensare la pace pensavano che si dovesse sradicare un'ossessione che era assolutamente trasversale alle Nazioni, trasversale anche alle parti in guerra, e oggi potremmo dire trasversale, almeno visibile, in tutte le parti in causa nelle contese oggi in corso. Dobbiamo essere capaci anche di riflettere sul nostro mondo, sui nostri sistemi di vita, per non rischiare di riflettere, replicare lo stesso schema nazionalista e autoritario che andiamo a combattere in queste grandi contrapposizioni a livello globale. Virginia Woolf nel 1940, sotto i bombardamenti dell'aviazione nazista, scrive: «Pensare la pace durante un raid aereo», e si domanda come liberare l'aviatore inglese, oltre che quello tedesco o italiano, dall'ossessione virile che ingenera le guerre. Ovviamente le donne che ho citato, quelle che si riunivano nel 1915, o Virginia Woolf, parlavano da una condizione di estraneità alla stanza del potere, alla stanza dei bottoni, erano donne che non avevano potere e non avevano diritto di voto, non avevano la possibilità di partecipare e di prendere delle decisioni. L'unica cosa che potevano fare era alzare la voce in quanto donne e parlare a chi prendeva le decisioni per dire "fermatevi tutti". Oggi le donne non sono più estranee alla gestione del potere in Europa, sono donne coloro che ricoprono le cariche più significative a livello istituzionale, ma il femminismo è per questo forse ancor più necessario di un tempo. Anche distinguere tra il solo essere donne e invece l'agire come femministe: il femminismo resta a significare una capacità di rintracciare questa radice antica patriarcale di tutte le guerre. Questo vuol dire anche che il femminismo non può farsi arruolare nelle guerre altrui, il femminismo deve rimanere una lettura critica di tutte le forme di violenza e quindi anche di questa violenza cieca che oggi è sotto i nostri occhi, di questo ciclo della violenza senza dimenticare nessuna. Le donne vittime di ogni parte. Ho sentito prima ricordare la questione del 25 novembre, per la condanna degli attacchi di Israele a Gaza e la mancata menzione delle vittime delle violenze del 7 ottobre contro donne israeliane. È una decisione che io non condivido, sono certa che avrebbero potuto e dovuto essere menzionate anche le vittime degli attacchi del 7 ottobre.

Però ricordiamoci che questo non ha scoraggiato nessuna e nessuno dall'andare in piazza contro la violenza contro le donne, perché è stato più forte, molto più forte, il bisogno di essere in quella piazza e di essere in quella piazza a parlare di vita, a parlare di vita contro tutti i poteri generatori di morte. Questa piazza del 25 novembre e tante altre mobilitazioni che io spero verranno sono oggi insorgenze radicali, insorgenze che rimettono al centro la radice della violenza e dell'oppressione, e cercano di ricostruire un orizzonte comune di lotta: una lotta per la vita di tutte e tutti, e quindi per l'uguale dignità di vivere.

SHADY ALIZABEH[*]

Non ci può essere pace nel mondo se non vi è la libertà della donna e se non si riconosce il principio per il quale i diritti delle donne sono diritti umani universali. Diritti che non riguardano solo una parte o una categoria di cittadine e di popolo, ma che riguardano tutti, anche i nostri compagni, anche gli uomini. Questo è un principio fondamentale e necessario che trova voce anche in Iran a un anno dalla nascita del movimento "Donna Vita Libertà", nato a seguito dell'uccisione di Mahsa Amini per mano della repubblica teocratica dell'Iran. Il movimento "Donna Vita Libertà" ha portato queste tre parole nelle piazze italiane, europee e ovunque nel mondo, e ha restituito un nuovo senso e rinnovato protagonismo del nostro ruolo, della figura femminile. Molto spesso quando parliamo di pace lo facciamo in una chiave di potere, dove si ridisegnano confini, è una pace di chi vince su chi perde. In questo ragionamento troviamo esclusivamente una dialettica machista, del potere del più forte sul più debole, dell'uomo, del patriarcato. Non ci può essere pace se non c'è la nostra libertà! E quella in cui viviamo non è una civiltà per noi donne ovunque nel mondo. Il movimento "Donna Vita Libertà" ha posto un quesito: a che punto siamo? Qual è la nostra condizione? Qual è il nostro ruolo di cittadine in un contesto democratico e di libertà come il nostro Occidente? Ci siamo abituati a concepire i diritti delle donne come dei diritti "territoriali" che vengono giustificati sulla base delle tradizioni di un Paese, e quindi il loro riconoscimento cambia se ti trovi in Pu-

[*] Avvocata impegnata nella difesa dei diritti umani in Iran.

glia, in Veneto, in Iran e Afghanistan. Il riconoscimento dei diritti delle donne dipende dalla cultura del territorio. Ci si chiedeva questa mattina del perché l'ambasciatore della repubblica teocratica dell'Iran presiederà il Social Forum 2023 del Consiglio dei Diritti Umani delle Nazioni Unite. Perché i diritti delle donne non sono fondamentali! Quando la Repubblica teocratica dell'Iran è entrata a far parte della Commissione delle Nazioni Unite per i diritti delle donne, è entrata con il voto favorevole dei Paesi occidentali. La giustificazione: è cultura! Allora i nostri diritti dipendono dalla cultura del territorio? È questa la cultura e l'educazione che viene impartita di generazione in generazione a chi usa il potere nei nostri confronti. È una cultura del malessere e incivile che declina ad abitudine e tradizione i diritti delle donne; questa abitudine di concepire minoritari i nostri diritti riguarda tutti e tutte. Non è un presupposto religioso, non è un presupposto ideologico, è umanità, i diritti delle donne sono diritti umani universali! Abbiamo chiuso gli occhi dinanzi all'abominio e politiche violente di Paesi, avallati anche dall'Europa, che usano il potere coercitivo nei confronti delle donne. Così facendo, abbiamo riportato quella stessa dialettica e consuetudine di possesso e violazione dei diritti delle donne anche nel nostro mondo, nella nostra Italia, che in questi mesi non ha affrontato con maturità quella che è una guerra interna, una guerra civile contro noi donne, contro il nostro ruolo, contro la nostra libertà ed emancipazione. E questa libertà ci costa e ci è costata la vita. Riporto qui una lettera, che ci è stata recapitata da Narges Mohammadi, Premio Nobel per la Pace 2023, attivista per i diritti umani impegnata per la libertà degli uomini e delle donne che lottano in Iran. Al momento è ancora in carcere, non potrà ritirare il premio ed è pericolo di vita. Il nostro appello, che è stato sottoscritto da Amnesty International e dal Segretario della CGIL Maurizio Landini, a sostegno della sua liberazione chiede l'impegno dei Governi europei e del Governo italiano di parteggiare per la libertà delle donne in Iran. Narges Mohammadi nel ricordare le stragi avvenute in Iran dice: «Sono profondamente perplessa e stupita dal modo in cui il mondo vede il massacro e l'esecuzione del popolo iraniano. Pensano che l'esecuzione dei giovani della nostra terra sia una cosa scontata in questo angolo del vasto Oriente? O forse credono che le condanne a morte siano state eseguite sulla base delle leggi e in tribunali equi e aperti con la tutela della difesa dell'imputato?». E ancora Narges dice: «Ciò che viene fatto a pezzi in mezzo a questo disinteresse mondiale è l'umanità e nient'altro. In questo mondo in cui tutto è globalizzato l'umanità è forse un'eccezione?». E noi come abbiamo declinato l'umanità quando parliamo di pace? Come la vogliamo declinare nei nostri percorsi di una futura Europa e di un futuro mondo che deve scardinare dei preconcetti millenari? Si faceva riferimento stamattina ai testi biblici: noi donne fin dai testi sacri portiamo un peccato originale e la nostra colpa è quella di esser nate donne, e da millenni veniamo giudicate per il corpo e il genere in cui nasciamo. Gramsci diceva: «L'indifferenza è il peso morto della Storia». C'è molta indifferenza quando si parla di donne e c'è molta indifferenza quando si parla di pace, e la pace deve guardare alla libertà di noi donne, perché noi donne rappresentiamo le debolezze di questa società, le debolezze di questo mondo. Nel nostro corpo c'è la vita, la speranza per il futuro, la tutela dei più deboli, dei minori, dei componenti delle minoranze etniche, della comunità LGBTQ+, noi rappresentiamo il discriminato da una cultura patriarcale e maschilista che è viva in tutto il mondo. Allora, quando parliamo di pace, cerchiamo di urlare tutti insieme la nostra storia, il nostro motto "Donna Vita Libertà", facciamolo per un Oriente di pace, per un mondo di pace, per la vita e la libertà sempre e ovunque.

ELLY SCHLEIN*

Vorrei per prima cosa ringraziare ciascuno di voi per essere qui, e rivolgere un grazie sincero a chi ha promosso questo importante momento di dialogo e confronto. Mi dispiace davvero che il ritardo di un volo abbia sottratto tempo che avrei voluto trascorrere con voi: capisco dalle occhiatacce di chi mi accompagna che abbiamo pochissimo tempo se vogliamo evitare di perdere un treno. E, come sapete, all'opposizione noi non possiamo fermare i treni! Vorrei comunque lasciare il mio contributo in questa iniziativa così utile e preziosa, e condividere alcune riflessioni con voi. Mi riprometto di ascoltare tutti gli interventi successivi su Radio Radicale, a cominciare da quello che segue, e che sarà senz'altro emozionante, come lo è sempre ascoltare una donna e artista straordinaria come Lella Costa. Avete ragione a chiedere che nel nostro linguaggio e nella nostra agenda la parola 'pace' sia centrale, e torni a essere rivendicata con più forza, e sostenuta senza alcuna timidezza. La pace non è soltanto una parola, la pace è tessitura, è impegno, è un intreccio di pratiche. È questo che ci hanno insegnato tante belle esperienze, tante realtà che lavorano quotidianamente per diffondere la cultura della pace, e che testimoniano come la pace non debba essere considerata solo come un riempitivo, un lasso temporale tra due guerre. Le prospettive di pace vanno coltivate e costruite. Quando ero all'università seguivo spesso percorsi come quello della Scuola della Pace di Monte Sole, che promuoveva tutto l'anno un lavoro permanente di forma-

* Segretaria del Partito Democratico.

zione e di educazione alla pace, che confluiva il 25 aprile in una delle più belle feste della Liberazione. Abbiamo tanti amministratori e amministratrici che praticano ogni giorno percorsi di pace, perché la pace non è solo un orizzonte, è un modo di stare al mondo, di definire il tipo di relazioni che scegliamo di avere fra noi, significa coltivare il rispetto dei diritti e la convivenza fra popoli e culture diverse, e considerare le diversità una ricchezza e non una minaccia. Pensate alle destre, che invece che proporre soluzioni concrete a problemi complessi per migliorare la vita delle persone, cercano scorciatoie, offrono qualcosa di più facile: un nemico, si scelgono un capro espiatorio al giorno e lo trovano sempre nelle diversità. Le persone migranti, le comunità Rom e Sinti, le persone LGBTQ+, le donne troppo emancipate per i loro gusti o qualcuno che la pensa diversamente, poi di nuovo gli intellettuali, i giornalisti, oggi i magistrati. Insomma, in tutto il mondo nazionalismi e sovranismi soffiano sulla rabbia, alimentano l'intolleranza verso la diversità, diversità che invece ci sfida a costruire davvero percorsi di pace, a creare un terreno di pacifica convivenza. Guardiamo allo scenario internazionale. L'inaccettabile aggressione russa all'Ucraina ha riportato indietro le lancette della storia: all'idea muscolare che i confini si riscrivano con la violenza, alla logica della sopraffazione contro quella del diritto internazionale. Lo abbiamo detto fin dal primo minuto: siamo dalla parte dell'Ucraina, difendiamo un'idea di convivenza internazionale basata sul multilateralismo e sulla diplomazia. Ma è anche per questo stesso motivo che, insieme al necessario sostegno all'Ucraina, dobbiamo chiedere di esplorare ogni possibile spazio diplomatico per il raggiungimento di una pace giusta, alle condizioni che il popolo ucraino stabilirà. E vorremmo che l'Europa, in questa direzione, esercitasse un ruolo più incisivo e, come ha detto Barbara Pollastrini, assumesse una iniziativa politica. Stamattina ero a Roma a una bella iniziativa con Pierluigi Castagnetti, con Graziano Delrio, e tanti cattolici democratici e popolari, proprio sul tema della pace e della fraternità. Allora è chiaro che dobbiamo rimettere al centro della nostra azione e delle nostre pratiche politiche questo concetto, anche nell'ascolto, nel rispetto reciproco tra di noi, nell'essere sempre uno spazio di confronto aperto. Dobbiamo lavorare per ricostruire una cultura della pace, che in questi anni sembra essersi affievolita, a cominciare dal chiedere un salto di qualità dell'Unione Europea. Chi deve promuovere la pace se non l'Unione Europea che per la pace è nata? È la sua vocazione, la sua ragion d'essere fin da quando nel dopoguerra si è deciso con lungimiranza di condividere quelle risorse la cui contesa per il controllo era stata fra le cause del conflitto appena finito. Paesi che erano Stati rivali per secoli e che avevano partorito le due guerre mondiali hanno creato uno straordinario spazio comune di pace e di sviluppo, per affrontare insieme sfide per le quali da soli si è troppo piccoli. Questa è la nostra storia, e proviamo a trarne una lezione, una bussola per il futuro. Consentitemi di approfittare di questa occasione anche per ringraziare il partito lombardo per la straordinaria partecipazione alla manifestazione di Piazza del Popolo qualche settimana fa. Abbiamo visto le immagini della stazione centrale letteralmente ricoperte dalle bandiere della pace dei nostri militanti. Voglio ringraziare ciascuno di voi, i segretari e tutti i dirigenti del PD lombardo. Piazza del Popolo è stata anche una grande piazza per la pace, una occasione di mobilitazione per chiedere con forza la pace in Medio Oriente, il cessate il fuoco e la liberazione degli ostaggi. Nessuno di noi ha dimenticato il sanguinario assalto del 7 ottobre, perpetrato da Hamas, che abbiamo immediatamente condannato e che ha innescato questo conflitto. Ma quella brutalità non giustifica altra brutalità in una punizione collettiva e indiscriminata verso i civili palestinesi. E non ci sarà pace finché non si riprenderà a lavorare per la soluzione politica che prevede due popoli e due Stati, una prospettiva che proprio perché oggi appare così difficile e lontana rimane l'unica possibile, l'unica sulla quale suscitare una mobilitazione collettiva facendo fare un passo avanti in questa direzione alla comunità internazionale. Prima Barbara ha citato Liliana Segre. Questa donna eccezionale ha pronunciato parole che ci interrogano, che non possono lasciarci indifferenti: con amarezza, di fronte a quanto sta accadendo, ha detto che le sembra di essere vissuta invano. L'ho detto e lo ripeto, rivolgendole un pensiero grato, lei non è vissuta invano! Il suo esempio, il suo impegno contro odio, violenza e discriminazione, testimoniano un messaggio del quale dobbiamo farci tutte e tutti portatori. Rifiutando ogni forma di sopraffazione e di intolleranza, rifiutando questo rigurgito di antisemitismo disgustoso che non è tollerabile in Italia, che non è tollerabile in Europa, che non dobbiamo proprio lasciar passare. Così come dobbiamo respingere la narrazione che incasella tutto in uno scontro di civiltà, portando a una generalizzazione che spesso nasconde l'islamofobia. La pace va costruita con pazienza, con mediazioni, cercando possibili soluzioni. Per fare la pace servono gli interlocutori, e oggi capisco sia faticoso individuarli. Facciamo fatica a vederne sul lato palestinese, perché Hamas non è il popolo palestinese. È una organizzazione terroristica che ha mostrato il suo volto efferato il 7 ottobre, e andrebbe isolata dal popolo palestinese e dal resto del mondo arabo, per questo combatterla non può significare punire collettivamente l'intera popolazione di Gaza. Dall'altra parte nutro qualche dubbio che l'interlocutore per un percorso di pace possa essere l'odierno Governo di Netanyahu, una compagine dove ci sono forze di estrema destra che non riconoscono nemmeno l'esistenza della causa palestinese. Eppure, non esiste alternativa possibile a due popoli e due Stati, che si riconoscano reciprocamente e vivano in pace e in sicurezza, che non sia rassegnarsi a un abisso di odio e di violenza, che potrebbe deflagrare estendendosi all'intera regione. Uno Stato c'è già e ha diritto a esistere in pace senza minacce, senza che cadano i missili. L'altro, però, non esiste ancora, perché la comunità internazionale colpevolmente si è voltata dall'altra parte, e ha lasciato che quelle risoluzioni delle Nazioni Unite restassero incompiute, inattuate. Allora proviamo a dare il nostro contributo, anche come generazione. E iniziative come quella di oggi sono importanti e utili, perché concorrono a creare quella cultura della pace che è essenziale, a maggior ragione in fasi come queste, mentre assistiamo a una escalation di violenza e si moltiplicano le tensioni internazionali. E allora grazie di cuore per questa iniziativa, grazie a tutti voi, e vi chiedo di farci avere gli atti, che possono essere estremamente utili anche in vista dei prossimi appuntamenti del Partito Democratico. Un grande progetto di pace e di solidarietà contro quei nazionalismi e quegli egoismi che hanno tenuto a freno il progetto europeo: questo viveva nello spirito di Ventotene. In quel manifesto scritto da chi, mandato al confino dal regime fascista, ha deciso di non rispondere all'odio con altro odio, ma con un grande sogno. Una utopia concreta che è nostro dovere e responsabilità continuare a coltivare.

LELLA COSTA*

Buongiorno, mi spiace che Elly sia dovuta scappare via, mi ero vestita *ton sur ton* per lei perché non mi sembrava giusto lasciare unicamente sulle sue spalle il grosso tema politico dell'armocromia, mi sembrava giusto alleggerirla almeno di questo peso. Scusate questa digressione iniziale, ma io continuo a trovare perlomeno curioso che, in un'intervista di diverse pagine che lei ha rilasciato a suo tempo, l'unica frase che i media hanno riportato sia stata quella sull'armocromia. Forse dobbiamo farci delle domande, e soprattutto qualcuno dovrebbe darci delle risposte. Allora, per me essere qui oggi è un onore e un'occasione, anche se ovviamente non sono in grado di contribuire alla vastità e alla profondità degli interventi che ho ascoltato: interventi di geopolitica, interventi di persone che hanno studiato e sanno riportare con esattezza quel che accade in certe zone del mondo. Però quello che mi ha incantato e mi ha convinta a raccogliere questo invito è la scelta del titolo: *La parola Pace*, che mi ha ricordato un film molto bello di Mimmo Calopresti: *La parola amore esiste*. Sostenere che la parola 'pace' esista è un'affermazione un filo rivoluzionaria e decisamente audace: 'pace' sembra sia diventata una parola impronunciabile, un po' come la parola 'utopia'. Vorrei cominciare con una citazione di Eduardo Galeano che io ho amato moltissimo e che è finita perfino in Boris – per cui tanta roba: «L'utopia è come l'orizzonte: faccio due passi e si allontana di due passi, cammino dieci passi e si allontana di dieci passi, è irraggiungibile. Quindi a cosa

* Attrice, drammaturga, scrittrice.

serve l'utopia? A continuare a camminare». Credo che sia esattamente quello di cui abbiamo bisogno. La pace è un'utopia? È possibile, è probabile. Nella mia formazione ci sono alcuni punti fermi, e uno di questi è don Lorenzo Milani, nato Lorenzo Milani Comparetti in una famiglia ebrea, il che forse l'ha reso ancora più battagliero e ancora più estremista, un guastatore vero. Negli anni Sessanta scriveva: «Non difenderò qui l'idea di patria in sé, non mi piacciono queste divisioni. Però se voi vi arrogate il diritto di dividere il mondo in italiani e stranieri allora io rivendico il diritto di dividerlo in poveri e oppressi da un lato, ricchi e sfruttatori dall'altro. E se voi avete il diritto di sostenere che italiani e stranieri possono legittimamente scannarsi tra di loro, io rivendico il diritto di sostenere che ricchi e poveri possano legittimamente combattersi. E almeno nella scelta dei mezzi sono migliori di voi: gli strumenti che voi proponete sono orribili mezzi per far morte e distruzione, orfani e vedove. Gli unici strumenti che propongo io sono nobili e incruenti: lo sciopero e il voto». Secondo me da qua bisogna partire, anche se probabilmente è un po' tardi. È come se rincorressimo sempre delle emergenze. E allora penso al clima di emozionante ricostruzione del nostro dopoguerra, all'urgenza di stabilire di leggi e paletti non più negoziabili e non più valicabili; penso alla nostra Costituzione che all'Articolo 11 dice: «L'Italia ripudia la guerra come strumento di risoluzione delle controversie internazionali». Penso a quello che è successo nei primi anni Novanta, quando Gino Strada è stato al *Maurizio Costanzo Show* e ha semplicemente racconto quello che lui, chirurgo di guerra, sapeva da anni, e che noi in perfetta buona fede fino ad allora ignoravamo. Anche se in realtà il don Lorenzo Milani di cui sopra già lo sapeva, e lo scriveva: «Nella Prima Guerra Mondiale le vittime sono state per il 10% civili e per il 90% militari: si può tranquillamente sostenere che i civili sono morti incidentalmente. Nella Seconda Guerra Mondiale i dati variano sensibilmente: 48% civili e

52% militari. Non si può già più sostenere che i civili siano morti incidentalmente. Nelle guerre contemporanee, le vittime sono per il 90% civili e per il 10% militari: si può tranquillamente sostenere che i militari muoiono incidentalmente». E nonostante lo abbia scritto e pubblicato negli anni Sessanta, noi oggi siamo qui a stupirci e indignarci per l'ennesimo conflitto che farà orfani e vedove, genererà totale sfilacciamento dei tessuti sociali, infelicità, miseria, povertà, e quindi altra manovalanza disponibile per qualunque efferatezza il mercato mondiale richieda. Forse una volta per tutte potremmo arrivare alla conclusione che non esistono guerre giuste, che tutte le guerre nascono da necessità espansionistiche, economiche, di potere, travestite e travisate da nobili intenti, ideologie e religioni (e questo lo spiega benissimo il quinto fratello Marx, il mio preferito). Allora facciamo la pace, o almeno proviamoci. Molti anni fa Gino Strada mi raccontava di essere stato negli USA e di aver incontrato Noam Chomsky, (non che lo raccontasse solo a me, ovvio, ma me lo ricordo molto bene). E Chomsky diceva che bisognava fare con la parola 'guerra' quello che si è fatto, prima negli Stati Uniti e poi nel resto del mondo, con un'altra parola, la parola 'schiavitù': renderla impronunciabile. Forse dovremmo fare lo stesso con la parola 'guerra': solo pensarla dovrebbe diventare imperdonabile, pronunciarla illegale, dichiararla un crimine in sé. La guerra è una spaventosa dichiarazione di impotenza. La guerra arriva quando tutto il resto è fallito: la ragione, la diplomazia, la politica. Ma davvero siamo ancora al punto che per sconfiggere quello che riteniamo "il nemico" dobbiamo sterminarlo? Davvero non riusciamo ad abrogarla, questa parola? Uno degli esempi che mi ha colpito di più in questo anno difficile è stato quello di Michela Murgia: quando ha reso pubblica la sua malattia, ha detto: «Io mi rifiuto di usare i termini 'battaglia' e 'guerra', perché comunque questa malattia è un pezzo di me quindi io non posso entrare in conflitto e battermi contro un pezzo di me». E dunque cosa possiamo fare, da dove possiamo cominciare? Magari rendendo illegale la produzione e il commercio delle armi? Potrebbe essere un piccolo passo per l'umanità, no? Una volta Umberto Galimberti ha detto: «Guerra non è questa o quella guerra, guerra è il modo in cui l'Occidente guarda le cose». E a me ha fatto venire in mente un'intervista impossibile scritta da Italo Calvino, in cui immaginava che Montezuma – con i suoi mantelli carichi di oro e i suoi accuratissimi dubbi, sovrano di un impero che stava comunque finendo – sfidasse a una partita a bocce Fernando Cortes, turista e invasore, efficiente, atletico, scattante e baro. E le bocce erano d'oro, ed erano d'oro anche i gioielli che costituivano la posta in gioco, ma quello che è successo veramente è che dopo quel giorno, dopo quella partita immaginaria, è il mondo che non è più stato lo stesso. E anche la guerra. Nel 1996, grazie all'incontro con Emergency, ho portato in scena uno spettacolo, *Stanca di guerra*. Era iniziata la campagna per la messa al bando delle mine antiuomo, e a un certo punto mi chiedevo: "Chissà che faccia fanno. Che faccia fanno quando salgono a bordo dei loro aerei, e si librano in volo, e dopo un po' le carlinghe si aprono e lasciano cadere degli strani oggetti metallici, e alcuni di loro sono proprio fatti a forma di giocattoli, perfettamente imitati, per essere sicuri che prima o poi, un giorno o l'altro, un bambino li troverà, li raccoglierà li guarderà – per quanti secondi, tre? cinque? dieci? Gli ultimi istanti della sua vita". E io, da tutti questi che lanciano mine, razzi, missili, bombe, vorrei sapere una cosa sola: vorrei sapere come fanno a dormire. Come fanno a dormire? A noi che ci pregiamo di appartenere alla specie umana capita di non dormire la notte se commettiamo un'ingiustizia, proviamo rimorso, ci sentiamo a disagio, ma loro? Come fanno a dormire? Se Macbeth ha ucciso il sonno – e Macbeth era un nobilucolo di campagna invischiato in faccende più grandi di lui, un assassino improvvisato e controvoglia, Macbeth non era una minaccia, Macbeth con Montezuma avrebbe perso – se Macbeth ha ucciso il sonno, io voglio sapere dai signori della guerra come fanno a dormire, come fanno a vendersi anche i sogni, a cancellare ogni impronta di memoria, a non sentire in ogni fottuto momento della loro esistenza la voce di Ecuba che piange sul cadavere del nipote Astianatte, figlio di Ettore, scaraventato dalle mura di Troia perché Troia ha perso: «Deponete per terra lo scudo rotondo di Ettore. E voi, Achei, il cui vanto sono più le armi che il cervello – il cui vanto sono più le armi che il cervello – perché vi siete macchiati di un delitto tanto mostruoso? Avete avuto paura di un bambino».

CHIARA BRAGA*

Siamo immersi, travolti dal quotidiano e impegnati ad affrontare le emergenze, anche nel lavoro parlamentare, senza fermarci mai a riflettere in che momento viviamo. Troppo spesso abbandoniamo la sfida di costruire risposte o anche soltanto di porci domande giuste che vadano al di là dell'urgenza del giorno. Oggi ci invitate a riflettere su un tema così attuale, così difficile da definire: in meno di 24 mesi, una conquista che avevamo data acquisita per sempre, quella di una pace stabile e duratura, almeno qui nel nostro pezzo di mondo, è stata sconvolta alle porte dell'Europa. Per ben due volte, abbiamo preso atto che quella che avevamo conosciuto era una pace tra superpotenze nucleari che ammettevano guerre nei teatri regionali, non in grado di mettere davvero in discussione l'equilibrio globale. In quel lungo periodo di pace, abbiamo imparato che questa parola non può essere intesa solo come assenza di conflitti: al contrario, se vogliamo provare a immaginare, a immergerci nel nostro tempo e a declinare un sostantivo così impegnativo, 'pace' è diventato in primo luogo gestione dei conflitti. Innanzitutto, di quelli lontani, quelli che solo Papa Francesco ricorda nell'*Angelus* ogni domenica. Se vogliamo tornare a dare un senso alla parola 'pace', se lo vogliamo fare da una prospettiva di sinistra, dobbiamo provare ad andare al di là della sua antinomia: 'pace' non è solo assenza di guerra, non è solo quella che si sigla dopo una guerra. È la condizione di vita che bisogna assicurare

---

* Presidente del gruppo del Partito Democratico alla Camera dei Deputati.

al mondo garantendo prima di tutto diritti umani e diritti dei popoli, e la sinistra deve rispondere alla sfida di come dare di nuovo a quei diritti un significato universalistico. Diritti umani e diritti dei popoli come orizzonte della convivenza. Per molto tempo si è pensato che per affermare questi diritti si potesse imporli con la forza: questo è stato il lavoro svolto da qualcuno nel mondo. Riflettevo in questi giorni al riconoscimento, alle parole che ci sono state anche nel nostro Paese, anche da importanti esponenti del mondo istituzionale. Alla morte di Kissinger: dato e non concesso che quello fosse uno schema giusto, come non vedere la contraddizione nell'uso della forza. Ora sappiamo che quello scontro non porta mai una pace, soprattutto non porta al rispetto dei diritti dei popoli e dei diritti umani, il "diritto ai diritti", come li ha chiamati Gustavo Zagrebelsky. Le conseguenze nefaste della mancanza dei diritti, la barbarie, diceva Zagrebelsky, arrivano quando le persone perdono la dignità per ciò che sono, non solo per ciò che fanno. Ecco allora è necessario immaginare e pensare alla pace come un nuovo universalismo dei diritti. La pace è sempre legata a un'altra parola apparentemente in opposizione: la parola 'lotta'. Pensiamo a quanto centrale questa voce sia rispetto alla crisi climatica, al degrado ambientale. Siamo nel pieno della COP 28. Oggi sono state lette le parole di Papa Francesco, che non poteva essere lì ma che ancora una volta ha ricordato e ha legato il tema della costruzione della pace alla crisi climatica. E come facciamo a non vedere che oggi i conflitti in molte parti del mondo sono strettamente legati a una crisi climatica che non abbiamo saputo vedere, affrontare, rispetto a cui siamo in estremo ritardo? Basta pensare a quante guerre poco conosciute sono legate proprio alla competizione, alla difficoltà di costruire un nuovo equilibrio sostenibile con l'ambiente, con il pianeta e al controllo delle risorse naturali. Abbiamo di fronte sfide difficili. Penso a quanto il concetto di 'giustizia' in senso assoluto può essere un ostacolo alla costruzione della pace. Per questo occorre oggi uno sguardo nuovo di fronte a una realtà complessa. E non serve, invece, pigrizia né intellettuale né emotiva: occorre guardare all'umanità con un po' di fiducia. La parola 'pace' è una parola antica, una sinistra moderna oggi deve essere capace di arricchirla di nuovi contenuti. Molti spunti sono arrivati dai lavori di oggi, che speriamo di poter portare anche nel nostro lavoro quotidiano di elaborazione e iniziativa politica, ciascuno nel proprio ambito.

PAOLO BERIZZI*

Volendo provare a dare un contributo non necessariamente intelligente a questa giornata appassionante io partirei da queste parole: «Io non sono pacifista, io sono contro la guerra», lo ha detto Gino Strada. Delle mille e più frasi sulla pace scritte, pronunciate da scrittori, artisti, intellettuali, politici, religiosi, non dico giornalisti, ovviamente di tutte, questa di Strada è una di quelle che preferisco. Lui è stato un costruttore di pace, una pace al servizio degli ultimi, soprattutto degli ultimi. Papa Francesco ci parla, a volte invano, di incontro, di dialoghi tra gruppi etnici o religiosi e di luoghi dove si impara a superare le tensioni. Ponti che oltrepassano i muri. Viviamo un tempo di guerre. L'abbiamo sentito, un tempo di guerra nel quale le frasi sulla pace vanno in onda nei social, se noi prendiamo il nostro telefonino non ci sono solo parole di guerra, ci sono anche delle frasi molto suggestive sulla pace, però poi ci accorgiamo che queste frasi devono clamorosamente soccombere sotto il peso e la virulenza delle parole d'odio, le pietre che escono dalla bocca, la rabbia, il fuoco dell'intolleranza, della sopraffazione: è il tempo del conflitto, questo è il tempo del conflitto, il tempo del conflitto che ci rende però affamati di pace. Risvegliare le nostre coscienze, ci pensavo mentre venivo qui: noi abbiamo bisogno della guerra per risvegliarci e per pensare che fosse, sotto sotto, nelle nostre coscienze. Non è che stiamo facendo tutto quello che dovremmo e potremmo fare. Ci servono gli avvenimenti di cronaca e da cronista dico che è grave se un avvenimento

---

* Giornalista e scrittore.

di cronaca locale o globale è necessario per risvegliare la tua coscienza. In fondo però è nella tua coscienza che fai vivere, che dai forma alla tua parola di pace, le dai voce da condividere, la diffondi. Allora io credo che la parola 'pace' è dire che le guerre sono fatte dai ricchi – e infatti sotto le macerie ci finiscono i poveri – la parola 'pace' è andare oltre la logica del tifo delle curve e capire che ci sono due popoli che, oltre che delle bombe e della banalizzazione della guerra, sono ostaggio dell'estrema destra peggiore. Il Governo con un leader da una parte e i terroristi di Hamas dall'altra che sono i migliori alleati del primo. La parola 'pace' è dire che la pace è donna; infatti, le donne non fanno le guerre, le donne possono fare le rivoluzioni, ma le guerre no: lo racconta molto bene il film manifesto di Paola Cortellesi. La parola 'pace' è dire che il patriarcato esiste ancora ed è uno schifo, e non è tanto diverso da quello novecentesco, ed è una vergogna. La parola 'pace' non è non scrivere che se vai in bagno a una kermesse politica o in qualunque altro luogo trovi solo due generi, perché scriverlo è un infame discriminazione; la parola 'pace' è dire che un Paese che mette al bando la comunità LGBTQ+, succede in Russia, non è più un autocrazia, ma è una dittatura; la parola 'pace' è riaffermare che se pensi che qualcuno sia inferiore a te per sangue, origine, sesso, religione, hai già posto le basi per un genocidio culturale, e quel genocidio culturale può poi diventare un genocidio fisico. La parola 'pace' è democrazia, esistenza; la parola 'pace' è la nostra Costituzione repubblicana antifascista e antirazzista, quella che sancisce tre principi che dovrebbero essere di tutti coloro che hanno cuore la Costituzione, e soprattutto di quelli che sulla Costituzione hanno giurato, e che magari si addormentano la notte con il busto del Duce sul comodino. Libertà, uguaglianza, giustizia sociale, la parola 'pace' è l'idea sublime che su questi tre principi nella vita bisogna prendere parte, essere Partigiani, senza indugi, "senza se e senza ma", perché ci sono cose nella vita che vanno fatte perché è giusto farlo, e se questa parola, questi principi, sono utopia, meglio, perché credo che abbiamo il dovere di trasformarli in realtà. C'è un post-scriptum: la parola 'pace', infine, non fa rima con Atreju, ma questo è solo una mia trascurabile opinione personale.

DANIELA PADOAN*

Molte grazie per questo momento di reciproco ascolto di voci diverse. Credo che parlare di pace comporti la necessità di parlare anche di conflitto: di capacità e di possibilità di confliggere, di spazi di legittimità del conflitto, di figure terze e luoghi istituzionali deputati alla mediazione – non solo nel mondo "esterno", quello delle guerre dichiarate, delle quali siamo spettatori passivi, ma nel nostro mondo, nelle nostre esistenze, nei nostri ambiti di cittadinanza. L'abitudine alle guerre sta minando non solo la nostra percezione della funzione e della credibilità del diritto internazionale umanitario, a cominciare dalla protezione dei civili, ma anche lo spazio di mediazione interno che è condizione d'essere della pace e delle democrazie. La convivenza con la retorica della guerra, con il suo retaggio di vittime, di vincitori e vinti, crea un modo di pensare, di sentire, di schierarsi e argomentare che si riversa nel discorso pubblico, nell'informazione, nell'educazione, nella dialettica politica: un'abitudine alla riduzione dell'altro a nemico, una disposizione alla fascinazione della forza e all'irrisione della debolezza, e al tempo stesso una leggerezza, una sconsideratezza davanti all'indebolirsi delle istituzioni a cui abbiamo affidato la cura del nostro spazio comune, del nostro vivere insieme. La nascita dell'Organizzazione delle Nazioni Unite, la Dichiarazione Universale dei Diritti Umani, il progetto di Unione Europea sono stati il risultato di una volontà di rinascita dopo il precipizio costituito da due guerre mondiali, dall'invenzione dei campi di sterminio in-

---

* Scrittrice e saggista.

dustriale, dall'uso della bomba atomica contro i civili. Ci separa da quei giorni un lasso di tempo brevissimo, per quanto possa apparirci immenso: una cesura tra dispotismo criminale e democrazia. Ma ecco che quell'argine non appare più così saldo: nazionalismi, richiami identitari, nuovi muri e nuovi campi. Una massa di senza diritti in fuga, ridotti a "nuda vita" da contenere, respingere e allontanare. E di nuovo la minaccia nucleare, guerre, e tentazioni di uomini – o donne – soli al comando. Il *cupio dissolvi* che disastra gli organismi internazionali e destituisce di autorità i possibili mediatori, dall'ONU al Papa, si declina anche sul piano nazionale. Termini guerreschi, militari, bellici, si infiltrano e si radicano nella nostra vita pubblica e politica. Retoriche vuote e marziali, di patria e di onore, di umiliazione e di ordine, tornano da un passato che credevamo lontano, insieme alla volontà di procedere all'occupazione del potere, alla conquista metodica di ogni spazio – uno stillicidio quotidiano che va dalla RAI alle istituzioni culturali, dal MAXXI alla Biennale, dall'Antimafia alle società partecipate – fino a quella che è stata dichiarata la «madre di tutte le riforme», nella propensione ai toni stentorei dell'esecutivo, intesa a manomettere la Costituzione relegando la Presidenza della Repubblica a funzione meramente rappresentativa, svincolandosi da equilibri e bilanciamenti, umiliando i luoghi della democrazia, a cominciare dal Parlamento. Fra i caratteri costitutivi dell'autoritarismo c'è – scriveva il politologo tedesco Juan Linz, fuggito dal nazifascismo – l'insofferenza verso ogni limite posto all'esercizio del potere. Il Governo in carica ha esordito con un decreto che punisce chi partecipa a un rave con una condanna dai tre a sei anni di carcere (un'enormità lunare, se si pensa che la pena per banda armata va dai tre ai nove anni); ha poi dichiarato lo stato d'emergenza nazionale sull'immigrazione; ha introdotto quindici nuovi reati o fattispecie di reato, più di uno al mese, di cui otto già entrati in vigore. L'ultimo ddl Sicurezza introduce «una fattispecie aggravata per colui che imbratta o deturpa» beni mobili e immobili adibiti all'esercizio di funzioni pubbliche; aggrava la pena prevista per il delitto di istigazione a disobbedire alle leggi se è commesso al fine di far realizzare una rivolta all'interno di un istituto penitenziario; prevede un reato che punisce con la pena da uno a sei anni lo straniero che all'interno di un cpr metta in atto azioni di resistenza. anche passiva, come quella praticata da Gandhi, Martin Luther King, Andrej Sacharov, Václav Havel. Soglia dopo soglia, vediamo diventare normali espressioni come "guerra mondiale" ai trafficanti, "reato universale" per il contrasto della gestazione eterologa, "ecoterroristi" per designare giovani ecologisti che mettano in atto proteste eclatanti, tanto che subito, per Ultima Generazione, ne sono discese incriminazioni per associazione a delinquere. Sono fatti gravi, e sono talmente tanti che, come in una slavina, smettiamo di guardare alla singola pietra che rotola, finiamo con il distogliere lo sguardo, frastornati, via via che cadono altri massi. Abbiamo assistito all'attacco diretto al diritto di sciopero con l'uso sistematico della precettazione persino in occasione della proclamazione dello sciopero generale – fatto senza precedenti nella storia repubblicana. E quando, lo scorso 25 novembre, centinaia di migliaia di donne sono scese in piazza protestando non solo contro gli uomini che uccidono le fidanzate e le mogli, ma contro un sistema di potere che ignora, svaluta ed elimina i corpi – quelli femminili, ma anche quelli degli incidenti sul lavoro, quelli dei migranti in mare – alcuni giornali di destra hanno usato parole estreme, parlando di linguaggio brigatista da parte di Non Una di Meno, l'associazione che ha organizzato la manifestazione, quando ha rivendicato la protesta davanti alla sede di Pro Vita. Un eccesso linguistico, a dimostrazione del fatto che sul patriarcato si sta giocando una questione profonda che mette in discussione l'amministrazione statuale del potere sui corpi: dall'interruzione di gravidanza al reato di tortura che si vorrebbe abolire; dalle istituzioni totali, a cominciare dai manicomi che si vorrebbero riaprire attaccando la legge Basaglia, alla criminalizzazione del dissenso nelle sue molte forme. Non dobbiamo assentire a queste retoriche: se stracci un volantino, se bruci una bandiera, se esponi un cartello che contesta o irride l'Esecutivo, non sei, per questo, un criminale. Se il rapporto tra ordine pubblico e libertà di manifestazione pubblica del dissenso inclina immediatamente dalla parte del crimine senza che questo costituisca scandalo, a essere in gioco è la libertà di espressione. Accettare, anche a sinistra, la retorica per cui "conflitto equivale a violenza" significa compartecipare alla perdita della mediazione necessaria al mantenimento della democrazia e della pace. Il dissenso e la protesta non sempre possono essere educati, a volte sono ironici, altre fastidiosi, urtanti; certamente sono liberi, e hanno necessità di canali di espressione e di luoghi di ascolto perché, quando il conflitto viene soffocato, compresso, criminalizzato, diventa scontro. La democrazia senza conflitto è un ossimoro, ed è la possibilità del suo esercizio a permetterci di percorrere il sentiero stretto tra autorità e libertà. Lo scorso marzo, mentre le piazze francesi erano infiammate dalle proteste contro l'allungamento dell'età pensionabile, in Italia la Presidente del Consiglio veniva scortata al congresso nazionale della CGIL perché potesse prendere la parola senza essere esposta a contestazioni. Le delegate che volevano problematizzarne la presenza, con una straordinaria invenzione simbolica disposero sotto il palco decine e decine di peluche – infantili e potentissimi atti di accusa che richiamavano alla mente quelli deposti pochi giorni prima accanto alle salme dei piccoli naufraghi di Cutro. Nulla di più inoffensivo, eppure nulla di più chiaro. Il nostro Paese, che conta 100 morti sul lavoro ogni mese, 2,18 milioni di famiglie in povertà assoluta, il 13,4% di povertà assoluta tra i minori, un abbandono scolastico che riguarda un ragazzo su sei, ci è appena stato mostrato in uno specchio impietoso: «Per l'80% degli italiani, viviamo in un Paese in declino», afferma l'ultimo rapporto Censis, tanto da concludere che l'Italia è «un Paese di sonnambuli» che non vedono prospettive, sono ripiegati su se stessi, vivono in una «ipertrofia emotiva» dominata dalla paura che si trasforma in paralisi. Un'immagine tremenda, che richiama, forse volontariamente, la trilogia dei *Sonnambuli* di Hermann Broch: i tre gradini che l'Europa scese, verso «il crollo finale della sua cultura e della sua ragion d'essere», ovvero verso il nazismo. Non si tratta ovviamente di equivalenze, ma di comprensione dell'*humus* che portò al disfacimento europeo. Al suo nascere, il fascismo non fu preso sul serio. Fino al 1924, scrisse Piero Calamandrei, resse «la generosa illusione della libertà che si difende da sé, come una forza di natura». «Non fu viltà o debolezza, fu disorientamento ed errore di gente onesta e civile». Nello stesso disorientamento ed errore, secondo Calamandrei, incorsero le democrazie europee, incapaci di vedere che in Italia si insediava una «anemia critica», una «stomachevole uniformità di tutti i giornali», una «ributtante retorica, tracotante e menzognera, penetrata come un contagio», che aveva «reso insopportabile alle persone di buon gusto perfino il titolo di certi giornali e a che a taluno faceva preferire di stare una settimana senza notizie piuttosto che insudiciarsi le mani ad aprire uno di quei fogli immondi». Mussolini poté contare su una generale transigenza, una disposizione all'accomodamento, un distogliere lo sguardo. Un assentire a un linguaggio che prometteva forza dove c'era in realtà debolezza, che toglieva l'ossigeno della libertà, dell'espressione della molteplicità, della protesta e del conflitto. La senatrice a vita Liliana Segre ha chiamato l'Articolo 3 della nostra Costituzione «la nostra stella polare». Rimuovere gli ostacoli di ordine economico e sociale, che, limitando di fatto la libertà e l'eguaglianza dei cittadini, impediscono il pieno sviluppo della persona umana e l'effettiva partecipazione di tutti i lavoratori all'organizzazione politica, economica e sociale del Paese, non è poesia e non è utopia, ha detto nello storico discorso di insediamento di Ignazio La Russa alla Presidenza del Senato. «Non c'è un momento da perdere», concluse in quell'occasione. «Dalle istituzioni democratiche deve venire il segnale chiaro che nessuno verrà lasciato solo, prima che la paura e la rabbia possano raggiungere i livelli di guardia e tracimare». Prima che indifferenza, nichilismo, disgusto della democrazia – aggiungerei – aprano le porte a scombussolamenti istituzionali che inclinano verso l'autoritarismo. Anche questo è un modo per difendere la pace.

MARCO DAMILANO*

In una lettera ad «Avvenire», Franco Monaco ha citato il discorso di Carlo Maria Martini del 6 dicembre del 2001, l'occasione in cui l'arcivescovo di Milano si rivolge alla città, ma non solo. Il 2001 era un anno centrale, quello dell'11 settembre, quello della scuola Diaz, quell'estate del 2001 che ha gettato giù le illusioni di una generazione, anche la mia, che tutti i muri sarebbero davvero caduti, che la Rete avrebbe allargato spazi di conoscenza, che la democrazia non avrebbe avuto limiti. È successo esattamente il contrario: la democrazia si è ristretta, la pace si è chiusa, la Rete è diventata uno dei veicoli dei populismi, della xenofobia, di odio generazionale. Non di questo soltanto ovviamente, ma anche di questo. Il cardinale Martini in quel 2001 si trovava di fronte alle Twin Towers, parlava di capacità inaudita di odio e di fanatismo religioso – sembra il ritratto del 7 ottobre – ma anche la mancata risoluzione del conflitto israelo-palestinese. E si chiedeva: in questo turbine della nostra storia ha senso davvero parlare di pace? Gli stessi dilemmi di oggi. Carlo Maria Martini ha vissuto gli ultimi anni della sua vita – com'era suo desiderio – a Gerusalemme, in segno di pace. Aggiungeva che in Occidente le tradizioni di libertà convivono in un clima di crescente compromissione con l'individualismo senza regole, il culto dell'immagine e del successo e della potenza: per l'Occidente, in quei mesi, era cominciato il bombardamento dell'Afghanistan, la rappresaglia degli Stati Uniti rispetto agli attentati dell'11 settembre, ma era un uomo della Chiesa a dire che dell'Occidente

* Giornalista e scrittore.

fa parte il pensiero critico, fa parte anche il prendere le distanze dalla propria identità, che è esattamente quello che ogni fanatismo politico NON vuole. Aggiungo che in questi anni la pace è stata sconfitta con la moralizzazione delle ragioni della guerra. Si può trovare anche un apparato di motivazioni per cui fare la guerra sia etico, sia morale, e che il parlare di pace sia qualcosa da mollaccioni, da debosciati. Ecco, nel costruire la pace noi abbiamo il dovere di costruire la democrazia: se crescerà la democrazia crescerà la pace. Tra le molte separazioni che abbiamo costruito, a un certo punto abbiamo separato anche la democrazia dalla pace e abbiamo costruito una democrazia delle separazioni: tra le tante che potrei citare c'è quella tra la sfera della politica, la sfera dei partiti e la sfera della società civile, la sfera dei movimenti, la sfera dell'impegno sociale. Tra i tanti cito un nome che a molti di voi dirà poco ma che per me è una persona cara: si chiamava Massimo Paolicelli, era un mio amico morto molto giovane, era il Presidente della Lega Obiettori di Coscienza. Io ho avuto in tasca solo quella tessera, quella della Lega Obiettori di Coscienza. Il simbolo era un fucile spezzato, due mani che spezzano un fucile. La legge 772 del 15 dicembre 1972. In quegli anni Settanta-Ottanta, fino all'inizio degli anni Novanta, per i ragazzi fare quella scelta significava spesso precedere il primo voto, era una scelta di cittadinanza, un uscire dall'istituzione scolastica, dire un "no" che era un "sì" a fare un servizio civile per il Paese. C'era un rapporto fecondo tra mondi che poi si sono separati. Il mondo della politica è diventato più arido, più sordo, il mondo dei movimenti più autoreferenziale. E credo che questo abbia a che fare con la questione democrazia/pace, perché fare politica a sinistra significa avere un sistema di valori, ma se questi mondi si separano andiamo verso una democrazia più povera e quindi una democrazia meno capace di dire parole di pace. In un clima di crescente compromissione, che in questo contesto è diventato un termine negativo, e invece dovrebbe essere la base della politica, ovvero il raggiungere un compromesso laddove regnano interessi particolari. Come diceva con le parole che ho cercato di far risuonare chi ne è stato pastore di Milano, non solo religioso.

GIANNI CUPERLO*

È stata una giornata ricca, intensa, pensata con questa formula per ascoltare e recuperare il cammino su di un sentiero che non abbiamo calpestato nel modo giusto e nel tempo dovuto. Avevamo immaginato questo confronto prima del 7 ottobre e della strage orrenda di Hamas. Dunque, molto prima delle migliaia di vittime civili nella Striscia di Gaza. L'avevamo pensato nella convinzione che senza compromessi e intese la politica e le speranze di pace semplicemente non si possono immaginare e tendono a morire. È sempre stato così anche nella lotta e nei conflitti più duri: per sconfiggere il fascismo non si potevano eliminare tutti gli italiani. Naturalmente questa giornata l'abbiamo voluta molto dopo il 24 febbraio del 2022, quando la Russia ha invaso l'Ucraina facendo ripiombare la guerra sulla terra dove siamo nati, cresciuti, dove abbiamo formato la nostra coscienza civile, politica, morale. *Guerra e pace* è solo il titolo di un romanzo, però quelle mille pagine hanno cambiato la storia della letteratura. Se siamo qui oggi è anche perché il nostro tempo sta sacrificando uno di quei due termini. Ma è il solo che la politica avrebbe il dovere di preservare. Da qui il senso del titolo scelto: *La parola Pace*. Lo abbiamo voluto perché alle nostre spalle c'è qualcosa che somiglia a una sconfitta del linguaggio, quasi il timore di restituire a quel termine la sua dignità e ciò che a lungo ha rappresentato nella parabola di un continente come il nostro, depositario di odi e scontri fratricidi. D'altra parte, quel concetto ha riguardato la sfera della politica, del pen-

* Deputato del Partito Democratico.

siero filosofico, del diritto, della fede religiosa. C'è chi ha scritto, con buone ragioni, che il mondo è entrato in una lunga fase di caos. Non ci sono una Nazione o un impero capaci di regolare i conflitti o di prevenirli, fosse pure con l'arma della deterrenza. È una specie di rivoluzione negli equilibri delle politiche di potenza, qualcosa che il mondo contemporaneo non aveva mai conosciuto, ma che si presenta ai nostri occhi con conseguenze già ora evidenti e gli esempi non mancano. Qualche tempo fa l'ambasciatore Massolo, uomo esperto, ha commentato la vittoria di Riyad nella corsa verso Expo 2030 parlando di una deriva mercantile dove le risorse, il denaro, ma non solo, potrebbero a breve acquistare i seggi non permanenti nel Consiglio di Sicurezza delle Nazioni Unite. Una forma di colonialismo inedita e un po' sfrontata. Sullo stesso tema abbiamo ascoltato le riflessioni di Romano Prodi, in particolare il passaggio dove ha spiegato le ragioni per cui l'Europa nei prossimi mesi deciderà del proprio destino. Destino è una parola impegnativa, anche un po' enfatica, ma con quel riferimento non voleva indicare i prossimi anni soltanto: lui alludeva al destino dei prossimi secoli. Naturalmente c'è anche una realtà più ravvicinata. Il punto è che se le divisioni dell'Europa, gli egoismi di parte o di Nazione, dovessero prevalere sul sentimento di una possibile nuova unità, la conseguenza sarebbe la nostra irrilevanza sulla scena del mondo. Attenzione però, perché, se l'Europa – ciò che l'Europa è stata nei suoi principi costitutivi, di civiltà politica, democratica, liberale – per la prima volta dopo secoli dovesse divenire irrilevante sull'altare degli equilibri globali, molto sarebbe destinato a cambiare. Tutto questo avviene mentre a più riprese in Italia e nel resto d'Europa si riunisce la destra sovranista. Penso ai polacchi di Konfederacja, quelli che «non vogliono ebrei e omosessuali nell'Unione Europea». Oppure i neonazisti tedeschi, ai quali ripugna il monumento all'Olocausto collocato nel cuore di Berlino. Viene da pensare che, se in questi mesi domina nei nostri cinema quel piccolo capolavoro sull'Italia del dopoguerra e il coraggio delle donne girato in bianco e nero da Paola Cortellesi, la realtà replica a colori pagine della storia che pensavamo e volevamo per sempre archiviate in un passato destinato a non tornare più. Invece non è così, nulla oggi è archiviato una volta e per sempre. Però esattamente qui vivono la politica e la difesa della democrazia, con un particolare: che senza ricostruire le ragioni storiche assieme a quelle culturalmente più profonde della parola 'pace', la democrazia perde consenso. Il senso della nostra ricerca è legato a questo, al bisogno che sentiamo impellente di dotare di nuovo la politica e la sinistra di un "pensiero" su quel concetto troppo sbrigativamente e colpevolmente accantonato. Tornare a pensare per capire se la parola 'pace' può ricostruire attorno a sé un consenso in grado di condizionare scelte e futuro di Governi, Parlamenti, popoli interi. Vi leggo qualche parola di un altro tempo: «L'idea più stravagante che possa nascere nella testa di un uomo è credere sia sufficiente per la politica entrare a mano armata nel territorio di un popolo straniero pensando di imporre le sue leggi o la sua costituzione. Nessuno ama i missionari armati, il primo consiglio che danno la natura e la prudenza è respingerli come nemici». Frasi pronunciate parecchio tempo fa da Robespierre in polemica con l'illusione girondina di poter esportare la libertà e la rivoluzione. Confesso, non prenderei l'uomo a modello, ma almeno ci racconta perché il tema, quel tema, interroga il potere non da qualche anno, ma da un paio di secoli. In realtà persino da più tempo se pensiamo al consiglio di Augusto morente a Tiberio: «Non estendere i confini dell'impero». Lo diceva nella consapevolezza che l'ambizione a un'estensione esagerata di quel potere avrebbe portato a rischi di estinzione dell'impero stesso. Il punto è che una trentina di anni fa quel consiglio l'Occidente non lo ha ascoltato e ha scelto di trasformare una dottrina economica in un principio universale di convivenza e in fondo di dominio. A quel punto, a volte succede, la storia ha preso contromano e ha mostrato come un mercato unico e globale non per forza porta con sé pane, pace e libertà. Il risultato è che non solo l'Occidente, fosse solo per ragioni demografiche, non è più il centro del mondo, ma ci sono almeno un paio di miliardi di persone convinte che i nostri interessi, valori, consumi, siano da considerare dei privilegi insopportabili. Il tutto a conferma che non aveva torto il Manzoni quando spiegava perché la storia senza politica è come una guida che illumina la strada senza nessuno dietro che apprenda il cammino, e così facendo «getta via i suoi passi», ma una politica senza storia semplicemente cammina orfana di una guida. Un pensiero sulla pace dovrebbe essere anche questo: capire, almeno provare a capire, come il diritto internazionale invocato in tempo di pace e calpestato, persino irriso quando a prevalere sono le armi, impatta le norme e restituisce una credibilità a istituzioni oggi largamente delegittimate o ritenute impotenti. Qualche anno fa Christopher Clark ha titolato il suo racconto sulla follia dell'Europa del 1914 *I sonnambuli*. Quel libro si conclude così: «Gli uomini del 1914 sono nostri contemporanei». Se pensiamo alle ragioni di Putin per invadere l'Ucraina o della Turchia per rioccupare il Mediterraneo, quella frase almeno una cosa ce la indica, ed è che dopo la Guerra Fredda quando l'Europa pareva consegnata a confini inviolabili, siamo tornati alla narrazione di diritti storici come traguardi da ripristinare. Può succedere così che il Cremlino resusciti mito e primato di Pietro il Grande o Caterina II. E se Obama a suo tempo, sbagliando, aveva battezzato la Russia «una potenza regionale», per Putin l'offesa non era a Lenin ma ai Romanov. È l'uso presente di un passato, ma di un passato che non passa mai. In questo senso i "sonnambuli" del 1914 sono nostri contemporanei. Lo sono perché dall'Ucraina ai Balcani c'è un'Europa ancora alle prese con la lotta per l'egemonia su territori disgregati dopo la fine degli imperi della Grande Guerra. Non dopo l'introduzione dell'euro, ma all'indomani della disgregazione degli imperi centrali. Libia, Siria, alcuni tratti della penisola arabica, vedono conflitti che sono eredità delle conseguenze della fine dell'Impero ottomano. Forse il fatto che oggi in Ucraina si combatte nelle trincee – e trincee vuol dire per molti di noi un termine ancorato ai libri di storia delle scuole medie sulla tragedia della Prima Guerra Mondiale – e che avanzate e ritiri si calcolino su poche decine o centinaia di metri, ci fa capire quale ombra pesi sulla nostra testa. C'è una bella frase del Presidente Moro, mi è capitato di leggerla qualche tempo fa. Dice: «Chi semplifica toglie consapevolmente il superfluo, chi banalizza toglie inconsapevolmente l'essenziale». Penso sia una sintesi che ci parla perché viviamo un tempo dove non si è più capaci, non si è più avvezzi a semplificare, e ci siamo innamorati della banalità del discorso, anche quando i temi sono i più complessi e terribili. Il punto è che senza complessità a prevalere sono pregiudizi e scomuniche. Allora la sintesi, se volete la morale, è che la pace non può che fondarsi sulla convivenza tra popoli diversi che hanno il diritto di mantenere la loro diversità anche se destinati a vivere fianco a fianco o addirittura mescolati tra loro. Questo principio vale tra la Russia e l'Ucraina come nella tragedia tra israeliani e palestinesi, sapendo che si tratta di realtà diverse che chiedono soluzioni diverse. La verità è che a mancare sono quelli che il cardinale Zuppi chiama gli «artigiani» della pace. Quelli capaci di aiutare gli «architetti» della pace, i Capi di Stato e di Governo. Gli artigiani saremmo un po' tutti noi, quella maggioranza che continua a ritenere la guerra un principio storico da rimuovere. La risposta del cardinale Zuppi e del Papa sono il digiuno e la preghiera, ma loro testimoniano la fede. Anche la politica dovrebbe moltiplicare artigiani e architetti di pace, e penso sia oggi il compito che deve prevalere sugli altri. Noi qui non abbiamo fatto nulla più che provare a gettare un piccolo seme, sperando possa interrarsi e germogliare. Raymond Aron a chi gli chiedeva perché non avesse fatto politica nella sua vita rispondeva: «Perché voglio pensare». Forse aveva ragione, magari aveva più di qualche ragione, ma a noi servirebbe come l'ossigeno per respirare, come l'acqua al mare, una politica che torni a pensare. Non è facile, lo sappiamo, ma mai come ora la storia passerà da qui. Per tutte queste ragioni la conclusione logica di questa giornata è che usciamo con qualche certezza in meno e qualche domanda in più. In questo senso ha ragione chi denuncia la degenerazione di un ceto politico che si limita a occupare i set televisivi. Non a caso Domenico Quirico ha svolto un intervento dove ci ha raccontato la vera distinzione del mondo di ora che non è solo tra ricchi e poveri ma tra chi maneggia un'arma e chi non ha la possibilità di farlo. Di fronte alla complessità e drammaticità di tutto questo viene da dire quale spreco e sciupio sia questa successione ininterrotta, dall'alba a notte fonda, di talk televisivi che si susseguono senza il rispetto dell'altro, delle ragioni dell'altro che ovviamente sussistono sempre. Che assurdità, nell'arco di questi mesi, di questi anni, avere assistito a dei conflitti nell'ambito della cultura: qui c'è Lella Costa che ce ne ha dato testimonianza. Penso alla soprano russa esclusa in un primo momento dal più grande teatro lirico del mondo, oppure alle lezioni di Paolo Nori alla Bicocca su Dostoevskij, un corso rinviato perché, dopo il 24 febbraio «Non c'era il clima giusto». Povero Dostoevskij! Abbiamo ascoltato le testimonianze di tanti su ciò che siamo divenuti oggi agli occhi del mondo. Un tempo, quando ero ragazzino, capitava che un grande giocatore abbandonasse il calcio giocato e allora si convocava la partita del secolo, tipo Brasile contro Resto del mondo in onore di Pelè. Ma era appunto una partita che tributava un omaggio, una sfida simbolica, mentre noi ci troviamo precipitati nella sfera di una partita inedita, che è Occidente contro il Resto del mondo, col particolare che il match si gioca tra un miliardo di persone da un lato e sei o sette miliardi dall'altro. Una trentina d'anni fa un tizio se ne uscì spiegando come due Nazioni che ospitavano un McDonald's non si sarebbero mai più fatte la guerra. Peccato che le guerre siano proseguite in maniera persino più intensa. La realtà, in parole semplici, è che non siamo più i padroni del mondo, e un motivo c'è. Un motivo richiamato da più di un intervento, e che ci impone di recuperare un pensiero lungo capace di risalire il sentiero. Insomma, a proposito di pensieri lunghi all'incontrario, al tempo dell'Illuminismo nessun Paese conosceva un livello di vita superiore più di due volte alla regione più povera della terra di allora. Oggi il Paese più ricco del mondo è il piccolo Qatar e ha un reddito pro capite 428 volte superiore allo Zimbabwe, la Nazione più povera. Se muoviamo da qui il fulcro centrale da cui dovrebbe emanarsi l'idea, la possibilità di espandere i tuoi diritti, i tuoi principi, le tue libertà ha una relazione con il resto del mondo. Perché poi tra le vittime di questa disuguaglianza ci sono gli "altri", ma ci siamo anche noi, perché la ricerca dei mezzi di una vita dignitosa nel cuore del mondo più ricco e sviluppato diventa l'oggetto di una rivalità brutale dove la politica troppe volte abdica a se stessa. È l'idea della guerra che torna a farsi fine e non più mezzo, ammesso abbia qualcosa di etico l'idea della guerra come mezzo. Il punto è che giunti a quella soglia di contraddizioni, di complessità del mondo e di contraddizioni del vivere, entra in crisi una delle giustificazioni morali, non solo politico-economiche, dell'economia di libero mercato, perché non è assolutamente detto che un mercato unico porti con sé più democrazia e opportunità. A quel punto a entrare in crisi è una delle giustificazioni morali del capitalismo, l'idea che il perseguimento del profitto individuale fornisca anche il meccanismo migliore per il perseguimento del bene comune. Parliamo di un pilastro fondante della cultura liberista, la ricerca del profitto oltre la comprensibile decenza. Oggi il resto del mondo ci giudica anche per questo. Magari non leggono i rapporti, le analisi statistiche sulla distribuzione della ricchezza sul pianeta, però in qualche modo percepiscono la realtà. Nell'arco di 25 anni il numero dei miliardari in America è aumentato di 40 volte. Non è pensabile che un impatto di questa natura non abbia ricadute sulla parte del pianeta che insegue o arranca. L'Organizzazione Internazionale del Lavoro calcola che tre miliardi di persone vivono sotto il livello di povertà fissato in due dollari al giorno. Tre miliardi sono un numero spaventoso. Nonostante questo, ci sono quelli che da posizioni di potere parlano di blocco navale, frontiere, muri da innalzare, e tu non sai neanche come reagire di fronte all'irrazionalità di argomenti di tale natura, che sfuggono alla realtà per ciò che è diventata. Quale può essere la sintesi? La disuguaglianza si approfondisce per la sua stessa logica interna. Loro pensavano di seppellire il povero Keynes, lo stato sociale e l'internazionalismo: la verità è che hanno seppellito se stessi con le loro certezze, e rischiano domani di seppellire l'Europa. È stato detto che la pace non fu fatta per amore della giustizia, ma la giustizia per amore della pace: questa è la ragione ultima, il lascito e il seme che vogliamo interrare per dare modo e corso all'opposizione a questa destra di far vivere l'alternativa necessaria. Per farlo serve scavare dentro questo tempo storico, scalfire l'istante e recuperare il rapporto tra il prima e il dopo. Qualche anno fa in un editoriale domenicale Ilvo Diamanti coniò il termine 'presentificazione', l'idea che tutto si risolva nel presente, nell'inseguire le notizie di giornata, le dichiarazioni, come i vecchi velodromi con i cani che corrono attorno al coniglio meccanico. Quella fotografia mi aveva fatto tornare a mente gli eretici nel Canto X della Commedia, con Farinata che milita in un'altra fazione rispetto a Dante, però i due hanno un dialogo. Farinata vuole sapere cosa sta succedendo a Firenze, ci sono grandi pasticci a Firenze – come sempre, del resto – e la pena che il Poeta ha stabilito per gli eretici è che conoscono il passato e il futuro, ma ignorano il presente: ecco noi viviamo una legge del contrappasso ribaltata, calpestiamo il passato, trascuriamo il futuro e campiamo in un eterno presente. Se questa giornata ha avuto un senso, era questo. Anch'io, Lella, ho molta stima del "quinto" fratello Marx, Karl. Ma amo perdutamente pure i primi quattro, uno in particolare, che se ne uscì dopo una noiosissima occasione mondana a Los Angeles facendo il baciamano alla padrona di casa e dicendo: «Ho trascorso una magnifica serata, ma non era questa». Al contrario di quel genio di Groucho, che anche sul terreno economico poteva dire qualcosa di interessante, noi abbiamo trascorso insieme una magnifica giornata. Ed era questa!

RINGRAZIAMENTI

Questa giornata di confronto e studio non sarebbe stata possibile senza la collaborazione preziosa di tante persone che l'hanno voluta, costruita e gestita con competenza e generosità. Grazie alla Fondazione Feltrinelli che ci ha ospitati e ai tecnici che vi hanno lavorato. Grazie alla squadra della regia, della comunicazione e dell'accoglienza, a Fabrizio Vangelista, Ugo Vecchiarelli, Vanessa Senesi, Alberto Motta, Corrado Angione, Matteo Peduzzi, Emanuele Fini, Lorella Beretta, Andrea Fodale, Stefania Aulicino, Matteo Tezzon, Monica Lenoci, Matteo Palma, Giuliana Cassioli, Natale Carapellese, Andrea Rocca. Un ringraziamento a Promessa Democratica di Milano e della Lombardia, a Romana Bianchi, Simone Marchesi, Antonella Sicbaldi, Marco Carra, Claudio Bragaglio, Franco Tolotti, Lino Buratti, Paolo Pedotti, Roberto Citterio, Monica Curti, Giovanni Bertinalli, Gianfranco Storti, Marta Sicurello. Infine, un grazie alle amiche e agli amici che, arrivando da altre città, hanno dedicato una giornata a riflettere assieme sul traguardo più bello: *La parola Pace*.

INDICE